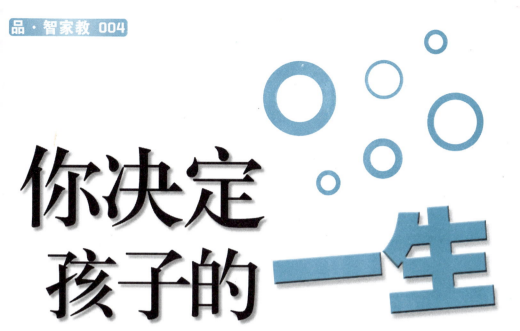

品·智家教 004

你决定孩子的一生

因家教而成功的 62 位名人家教启示录

胡 彧 ◎编著

北方联合出版传媒(集团)股份有限公司

万卷出版公司
VOLUMES PUBLISHING COMPANY

© 胡彧 2009

图书在版编目（CIP）数据

你决定孩子的一生：因家教而成功的62位名人家教启
示录/胡彧编著．—沈阳：万卷出版公司，2009.9（2009.9重印）
（品·智家教）
ISBN 978-7-5470-0165-3

Ⅰ．你… Ⅱ．胡… Ⅲ．家庭教育 Ⅳ．G78

中国版本图书馆 CIP 数据核字（2009）第148222号

设计制作／ 智品書業 ZHIPIN BOOKS

你决定孩子的一生：因家教而成功的62位名人家教启示录

出 版 者	北方联合出版传媒（集团）股份有限公司
	万卷出版公司
地 址	沈阳市和平区十一纬路29号
邮 编	110003
联系电话	024-23284090
电子信箱	vpc_tougao@163.com
印 刷	北京振兴华印刷有限公司
经 销	各地新华书店发行
幅面尺寸	720mm × 1000mm 1/16
印 张	16
字 数	140千字
版 次	2009年9月第1版 2009年9月第2次印刷
责任编辑	邢和明
书 号	ISBN 978-7-5470-0165-3
定 价	24.00元

父母，孩子走向成功的引路人！

　　教育对一个人发展、成才的重要性众所周知，那么家庭教育对一个人的发展又有着怎样重要的作用呢？作为家庭教育的施教者——父母，您有没有意识到良好的家教也许正是造就孩子成功的关键所在呢？如果您意识到了这一点的重要性，并已经将教子成才作为为人父母的一大人生目标，那么就有必要知道该如何正确地进行家庭教育了。

　　父母对孩子的爱是无条件的，他们都对自己的孩子寄予了无尽的期望，期望他们将来能够"成龙成凤"，恨不得把自己所有的一切都给他们。但是当孩子渐渐长大时，父母们却往往会遇到这样的难题：用心良苦的劝诫成了"啰嗦"，嘘寒问暖被当做"唠叨"，无微不至的关怀竟换不来感恩的回报，那么父母们在伤心叹气的同时是否做过自我检讨？有没有想过是您的教育方法出了问题？

　　关于家庭教育，我国社会上谈论的话题从八九十年代的代沟，到如今的网瘾少年……可见这是个棘手的问题。教育孩子不是付出更多的爱、更多的金钱就可以得到相应的结果和回报。怎样教育好今天的孩子，似乎已成为当今社会的关注热点之一。千古教子的难题，早已积累了千年的智慧，古今中外名人教子的经验也许能够为我们今天解决同样的难题和烦恼提供一些帮助。

　　一个人能否成功，与其童年是否形成具有成

功潜质的性格有很大关系，而这种性格品质往往都是在父母的精心培养下形成的。让我们回顾古今中外各领域中最具影响力的62位顶尖人物的成长、成功历程。探求这些成功人士童年的家庭教育经历，挖掘他们博大精深的智慧，体验他们执著无畏的勇气和精神。中国的冰心、钱钟书、李嘉诚，外国的爱因斯坦、比尔·盖茨……看看名人是怎样教育自己的子女、怎样把子女教育成名人的，从他们家庭教育的小故事中，评说、提炼出蕴含的教育道理和方法，从小事见精髓，给人们以启迪。从中我们可以更为深刻地意识到，父母的教育对子女的发展影响重大，有什么样的父母就有什么样的子女；它将让父母了解，教育子女只有良好的愿望是不行的，而应当遵循一定的基本原则；它将让父母了解，对孩子的教育要因人而异，不可以完全照搬照套固有的模式；它还将让父母了解到，只要努力学习正确的教子经验、使用合理的方法，培养出优秀、健康的子女并不是难事。

希望您能从这些故事中吸取经验，能将一些有用的方法运用到与孩子沟通交流和教育引导上，从而帮助您的孩子走向成功之路。

你决定孩子的一生

◎引言　父母，孩子走向成功的引路人！

曾参

不打诳语，树立威信

孩子佩服你，敬爱你，用不着施加压力，也愿意听从你的指导，这就是父母威信的教育力量。那么家长要如何才能不费力气就"收服"孩子呢？早在 2000 多年前思想家曾参树立家长威信的做法，对焦急的父母们或许会有一些启示。

智趣故事

曾参是我国春秋时期著名的思想家，孔子的主要弟子之一。他向来强调做人要诚实，以身作则，并且以此来教育自己的儿子。在他看来，父母是孩子的榜样，父母的言谈举止对孩子都有着很大的影响。

一天，私塾馆里放假。妻子见曾参回家，就决定去集市买条鱼。儿子一听母亲要去赶集，就缠着要跟她一起上街，妻子漫不经心地顺口哄他"别缠我，娘回来杀猪给你吃"。儿子一听说还要杀猪，这才松了手，跑到一边玩去了。

一旁的曾参听了母子俩的话后眉头都皱了起来，他看看喂了还不到三个月

名家简介：

曾参（前505年—前436年），字子舆，是孔子学说的主要继承人和传播者，在儒家文化中具有承上启下的重要地位。他的著述有《大学》《孝经》等儒家经典，后世儒家尊称他为"宗圣"。又与孔子、孟子、颜子（颜回）、子思比肩共称为五大圣人。

的小猪娃，充其量也才二十来斤。他知道妻子说这话，只是开个玩笑，哄哄孩子，想着事情一过，孩子也就会忘了。然而曾参却不这样想。他认为，父母对孩子说话不算数，就是欺骗孩子，孩子就会觉得是可以同样欺骗别人的，更重要的是，父母的威信也会由此降低。于是他决定兑现妻子的诺言。

父子两个正要动手杀猪的时候，妻子回来了，见此情景气呼呼地忙上前阻拦："你这是要干什么啊？"一旁的儿子听到母亲不杀猪了，"哇"地大声哭起来。曾参对妻子说："你刚才不是答应儿子要杀猪的吗？"妻子回答："我只不过是跟孩子说着玩的，并不是真的要杀猪啊！"曾参解释道："小孩子的心灵纯洁无瑕，全靠父母教诲，在孩子面前撒谎，就会在他的心目中失去威信，你以后再说什么，孩子都不会相信了。所以我们一定要说到做到啊！"一席话使妻子明白了曾参的良苦用心。

曾参言传身教，树立威信，终于把他的儿子培养成了一个像他一样诚实笃信的人。

> 父母威信的主要基础只能建立在父母的生活和工作上，建立在父母的公民面貌和父母的行为上。
>
> ——马卡连柯

历史评说

"威信"教子可以起到不怒自威的作用。曾参一向强调自身对子女的影响，因此他十分注重在孩子的心目中树立父母的威信。

作为孔子的弟子，曾参学问渊博，他深知"言不信"、"行不果"，将丧失教育子女的说服力，所以当妻子搪塞儿子的时候，曾参认为既然许诺那就要兑现，要说到做到。因为倘若使孩子产生不信任的想法，父母不仅有可能把孩子"调教"成"谎言大师"，而且还要面临失去威信的危险，这无疑会为日后的教育增加难度。

所谓"威信"，就是威望和信誉。父母的威信是对子女进行教育的基础。一般来说，父母在孩子心中的威信越高，他们的教育作用也就越大，也就越受孩子的欢迎。实践证明：如果父母有威信，不用讲多少道理，孩子也会听从其教导。

父母的威信主要表现在：孩子尊重、敬佩家长；父母对孩子提出的要求，孩子能自愿地、毫不勉强地接受。而这些感情的存在，都要源于父母的"形象工程"。一个满口污言秽语的父亲怎能让孩子尊重？一个只会逛街做美容的母亲如何让孩子敬佩？一对整日只会唠叨"好好学习"，自己却日夜奋战在麻将桌旁的父母，又怎能教育出"天天向上"的孩子？

正如井深大所说："父母无论装得多么了不起，只要他们在'背后的形象'中，存在不严肃的生活方式的真面貌，那么，孩子将不会从内心尊重父母。"美国的教育学家也曾经提出，19 世纪的美国父母在子女面前曾有过良好的威信，可是今天，他们中的不少人尽管靠恐吓、哄骗和收买来控制孩子，但孩子却仍然难以"降服"。

中国台北的一项调查发现：小学生崇拜父母的占 16.98％，初中阶段降为 12.18％，高中生只有 7.14％。这组随着年龄的增加而明显减少的数字说明了一个现象：家长们在子女面前树立威信的时候失败了。

慧宝良方

父母的威信始终是一种无形的教育力量，不能随随便便地放弃了自己的权威。那么父母应该如何再塑威严，让孩子自觉地接受你们的言传身教呢？

有广博的知识

孩子在成长的过程中总是会不断地提出问题，不断地进行探索。作为父母必须具备丰富广博的知识来满足孩子们的求知欲和进取心。在一份"你希望爸爸妈妈平时做些什么"的问卷上，孩子们最多的答案是："多知道新闻和国家大事"，"能够学会上网"，"他们能和我一起学习外语和电脑"。

可见，父母良好的修养和广博的文化知识对孩子学习品质的形成不但有极大的帮助，同时父母也会由此而在孩子心目中获得较高的威信。

有稳定的情绪和态度

没有稳定的情绪，就谈不上权威。有的家长对孩子的态度没有原则，全凭自己高兴与否：情绪不好时，没错也要批评一顿；情绪好时，再错也是一笑了之。这样的家长看起来很有权威，但却没发挥任何教育价值，在孩子眼里也毫无威信可言，说不定孩子还会认为家长自己就很"小孩儿脾气"呢。

避免唠叨，以身示教

要求过多、过细、过死，没完没了地指责唠叨，当然会引起孩子的反感、反抗，甚至会引发一场"持久战"，这样无异于有计划地训练孩子破坏家长的威信。

事实上，"教育无他，榜样而已。"家长最好"省"点嘴上的力气，希望孩子怎么做，就多用自身的力量来影响他。

言必信，行必果。许诺，悠着点。

不讲信誉的家长是很难有威信的。如果孩子要上九天揽月、下五洋捉鳖，在你随口说出"好，我答应你"之前，要想一下，你的话一旦说出口将意味着什么？一次次失信，是摧毁威信最好的武器。

因此，家长不要轻易对孩子许诺，要考虑值不值得许这个诺言？许下了能否兑现？即使是因为客观因素无法兑现，也应向孩子说明，取得孩子的理解。

同时，父母要严于律己，与孩子建立平等、民主的关系，父母之间的和睦、友爱与意见一致等，也会直接影响父母的威信和对孩子教育的效果。

孟子

良好的环境是孩子成长的沃土

"入芝兰之室，久而不闻其香；入鲍鱼之肆，久而不闻其臭。"这句话的意思就是说在某个环境中呆久了，便会很容易地融入到这个氛围里去。我国的传统教育也很注重环境对孩子的影响。其中最典型的例子，恐怕要算是"昔孟母，择邻处"了。

智趣故事

孟子是我国战国时期的思想家、教育家，被尊称为"亚圣"。他早年丧父，全靠其母亲抚养。孟子的母亲仉氏，教育孩子不仅严格，而且很有方法，尤其重视社会环境对孩子的影响。

最初他们家住在一个偏僻的乡村，离家不远处是一个乱坟岗子，三天两头就有人来上坟、烧纸、埋死人，整天听到的都是哭啼之声，看到的都是磕头烧纸，甚至是装神弄鬼。一天，仉氏发现孟子正和小伙伴们一起在荒坟间学人家磕头烧纸，于是她便把孟子带回家并告

名家简介：

孟子（前372年—前289年），名轲，是我国古代著名的思想家，战国时期儒家的代表人物，继承并发扬了孔子的思想，有"亚圣"之称，与孔子合称为"孔孟"。著有《孟子》一书。

诚他要好好读书，不要学那些悲哀丧志的事。可是，没几天孟子又和伙伴们去乱坟堆玩了。

孟母想，孩子小，天真无邪，可塑性大，一个人教他学好事，总抵不过环境对他的影响，于是她就带着孩子搬家到城里去了。谁知，这里是个闹市，车水马龙，人来人往，打铁声、叫卖声终日不断，孟子听着听着，书就读不下去了。由于受到潜移默化的影响，孟子竟然怪腔怪调地模仿起卖菜声来，还把孟母给诓了出来。孟母看到孩子的这些举动，非常忧虑，心想：这样下去，岂不是分散了孩子的精力，贻误了他的学习？于是孟母再次下决心：搬家！

> 染于苍则苍，染于黄则黄。
> ——中国谚语

这一次，孟母把家搬到了一所私塾对面。那里的环境很好，书声琅琅，读书的氛围很浓。过往的行人也多是学生，他们常常是一边行走一边背诵诗文，孟母感到这是孩子学习的好环境。果然孟子很快就安下心来读书，有时，他还向私塾里张望，观看里面的学生是怎样读书，又是怎样跟随老师演习周礼的，然后，他也模仿起来。一天，孟母发现儿子在磕头跪拜，以为他又在玩埋死人的把戏了，这让她的心里很难受，后来听儿子说是在演习周礼，就又高兴起来。

从此以后，孟子读书便很用功，终于成了大学问家。他始终牢记母亲的教诲，并经常把这段故事讲给自己的学生听。

历史评说

孟母三迁，其目的就是要为孟子提供具有良好文化氛围的环境，让孩子能在这种环境中得到文化的熏陶，健康成长。

无独有偶，古有孟母择邻育贤人，今有"洋孟母"为子三迁居。1951年荣获诺贝尔奖金的瓦尔顿，不但因此而名扬天下，他的母亲也因为当初为他择校就读，而被人誉为现代"洋孟母"。无怪乎有人说：处在良好环境中的孩子是生活在天堂里，处在粗劣环境中的孩子是生活在地狱中。前者培养出天使，后者培养出撒旦。

也许家长们会问，真有这么严重吗？在社会这样复杂的大环境里，学校的文化氛围、身边的朋友、父母的教育都会潜移默化地影响着人的成长，正应了这样一句俗话"近朱者赤，近墨者黑"，由此可见环境对人的影响。

而一个人早年所受的粗劣教育的恶果，就像一颗潜藏的炸弹，有时要到十几年甚至几十年后才会爆发出来。可见孩子从小受到的教育，包括家庭环境、人文环境，以及交友都会对他的成长产生重要影响。

一些家长以为把孩子送到了一所"贵族学校"，就是对子女负责，自己就不用关心了。事实上，学校教育并不是家庭教育的延伸，更不是替代品，家长应该努力为孩子营造一个健康有序的氛围。如果家庭环境比较粗劣，那又如何能培养孩子良好的人格？一部分家长自己不遵守公共道德，整日灌输给子女的是升官发财、"逢人只说三分话，不可全抛一片心"等虚伪自私的观念，这必然会带给孩子负面的影响。

慧宝良方

综上所述，环境对一个人的成长是多么重要。那么，作为家长，您想过没有您的孩子生活在哪一种环境？您应该如何为孩子创造一个好的环境？

营造良好的家庭环境

有许多青少年犯罪或者其他违反公共道德的例子，追究起来和他们从小生活的环境都有着很大的关系。在深圳市，警方抓获了由4名儿童组成的盗窃团伙，他们的平均年龄只有12.5岁，而这4个孩子都是因为家庭失和、父母疏于管教，而走上犯罪的道路。

教育专家多萝茜不止一次地从多个方面讲述过生活环境对孩子的影响。家庭是孩子成长的第一所学校，占一个孩子受教育时间的75%。家庭文明的承继，在很大程度上取决于做父母的言传身教。因此，建立一个温馨、和谐、说真话、讲道理的家，才是孩子最有利的成长环境。

营造有利的社会环境

众所周知，韩国是一个特别重视礼貌的国家。韩国父母对孩子的礼貌教育，无时无刻不在进行着，在电视台、广播电台会有一些公益广告，教育孩子如何孝顺父母，教育公司职员接电话的礼仪……在这样的一个社会大氛围中，孩子每天受到耳濡目染的影响，自然也就学会了处处礼貌待人。可见社会环境的力量也不可忽视。

营造积极向上的人文环境

法国著名科学家李普曼本来出生在卢森堡，后来他的父母感到自己整天接触的都是达官贵人花天酒地的生活，这必然对孩子的成长产生不良的影响。为此，他们不惜放弃丰厚的收入，在巴黎的拉丁区住下，因为那里是当时文化氛围最浓的地区。

因此，为人父母者，要尽量留心为子女营造积极向上的文化环境，比如经常带孩子去图书馆、实验室、科普公园，而不是带着孩子去邻居家打麻将。

精简孩子的朋友圈子

如果有些家长认为孩子交了出手很仗义的"小哥们"也是一种本事的话，那他们就真的是没有为孩子的前途和命运担心过。南京的林美，父母离异后，父亲对她不闻不问，在外赌博整日不归。辍学后的她，整日与社会上的不良少年混在一起，才16岁就沾上了许多恶习，抽烟、酗酒……到最后，她的父亲才追悔莫及。

我们鼓励孩子有自己的朋友，但是在孩子具备鉴别朋友的能力前，家长应该"插手"孩子的交友，使孩子与周围的朋友互相鼓励，共同进步，争做好事，勤奋好学，这样才能促进孩子的健康成长。

司马光

教育孩子诚实，赢得终身好信誉

信用这个东西树立起来很难，毁坏起来却很容易。倘若在几十年的生活中，仍然能赢得所有人的信任，那就更是一件不容易的事。而这可能更要依赖于小时候诚实的积累。正因如此，世界上的成功人士大多将诚实守信作为自己的人生准则。北宋著名史学家司马光的父亲司马池不仅经常告诫儿子诚实最为重要，还为此"狠狠"教训过儿子一次。

智趣故事

司马光出生在一个世代读书做官的人家，其父司马池是一个很有作为的人，他对司马光很严厉。司马光从小就聪明伶俐，谁见谁夸，日久就有点飘飘然了。一年秋天，院子里的核桃树上长满了核桃，司马光和姐姐拣了一些掉在地上的核桃，"乒乒乓乓"地砸开了。司马光把核桃仁放在嘴里一嚼，又立刻吐了出来，一边吐一边喊："真涩，真涩！"姐姐看到他龇牙咧嘴的样子，笑着说："吃核桃

名家简介：

司马光（1019年—1086年），字君实，号迂叟。他是北宋政治家、文学家、史学家，历仕仁宗、英宗、神宗、哲宗四朝。他主持编纂了我国第一部编年体通史《资治通鉴》。

时要把外边的嫩皮剥掉！"可那层皮薄得实在不好剥。

在司马光剥皮时正好有一位使女走进来，她看见司马光那费劲剥皮的样子，就教他说："把核桃仁放在茶碗里，用开水一泡，再稍微一搓，那皮就掉了。"司马光按照使女的方法一试，果然很灵。这时姐姐回到屋里，看弟弟剥皮的方法很妙，就问他："谁教给你这个法子的？"司马光神气地说："是我自己想的呀。"姐姐笑了，直夸他说："还是我小弟弟聪明。"

孩子们在外屋说话的声音，传进了里屋读书的父亲耳朵里。他放下书，走到外屋问司马光："父亲问你，这个法子是你自己想出来的吗？"司马光支吾地说"是……不是……"在父

祸莫大于无信。

——傅玄

亲严厉的目光下，司马光说出了实情。父亲语重心长地对他说："一个人聪明是好事，但是更重要的是要诚实，不能说谎。说谎的人是最傻的，既害自己又害别人，一个人要是不诚实，会让人看不起的。"司马光低着头承认了自己的错误，并说："我一定要做个诚实的人！"

司马池不仅在思想品德方面严格要求司马光，在学习方面也抓得很紧，他要求司马光读书不但要知其然，更要知其所以然。在父亲的精心培育下，司马光20岁便考中了进士，后来在朝中做官。他忠于职守，勇敢地揭露贪官污吏，以为官清正廉洁著称。

历史评说

从前我们对"司马光砸缸"的故事耳熟能详，先天的聪明再加上父亲后天的精心雕琢，使得司马光年纪轻轻便有所成就。

司马光的早慧让我们忽视了其父对他品行上的教育。他用小谎言博得姐姐的赞赏，幸好，父亲司马池发现了小司马光的谎言，及时

而严厉地指出来，并对其明确地讲清了道理，让司马光懂得了诚实的重要性。此后的司马光谨遵父亲教诲，以"诚"为做人之本，最终留下了"廉"的美名。

真话比黄金还要贵重。每一位家长都希望孩子能够在社会上成为一个正派、真诚的人，而且只有诚实守信，才能够树立起在别人心目中的地位，成为一个令人尊重信任和受欢迎的人。

我们大家都听过那个流传至今的"狼来了"的故事。一直喊"狼来了"的孩子，因为图一时愚弄别人的快乐，却没想到后果竟然是自己说真话的时候，再也没有人相信了，最终使自己成了狼的"点心"，成了自己谎言的牺牲品。这个故事有个很好的喻意，就是常常失信于他人的人，一旦没了信誉，到头来反而会害了自己。

小孩子的谎言一般来说是无关痛痒的，无非是想实现自己的某种愿望或者满足自己的虚荣心。然而一旦形成了习惯，那么他在长大后也很难做到以信用服人。而且无论这种撒谎作假在当时能给自己带来多大的好处，心里也总是会忐忑不安的。这是一种做人的耻辱，在社会上难以站得住脚。

2001 年的高考作文素材是这样的，一位青年人，在被要求抛弃金钱、才学、健康等 7 个背囊中的一个时，最终选择了抛弃诚信。这一主题的出现，引起了很大的反响。诚实与守信本是社会最基本的准则，也是人最宝贵的品格之一。年轻人为求一时的功利而舍弃诚信，孰不知，他的选择就相当于为自己今后的人生埋下了孤独与不被人信任的种子。

慧宝良方

认识到诚信的重要性后，家长就要经常向孩子灌输诚实的美德，并以身作则，在孩子面前，尽可能地自己先做到不说谎。另外，要让孩子知道人和人之间的亲密关系是建立在相互信任的基础上的。

确定谎言的性质

孩子说谎了！是不是标志他"学坏"的开始？家长不要轻易地将谎言与孩子的品质划上等号，因为谎言有时只不过是幻想，或是他小小的"如意算盘"。

孩子很小的时候，往往不能把事实和幻想区分开来，常会说一些不着边际的话，那么就没有必要拆穿他的谎言，压制孩子的幻想。父母要做的只是确保孩子的幻想不会伤害到他自己和他人。比如说，尽可以让孩子说自己是超人，要超人的善良，要帮助别人，但你要指出的是他不能飞，即便有了那件披风也不能。

当家长"遭遇"谎言时，不要急着打骂孩子

比如当母亲询问孩子是否做完作业的时候，他可能会因为害怕受到责骂，而暂时回答"是"。勿庸置疑，孩子的这种谎话，只是为了逃过一次"危机"而想出来的"高招"。因此父母没有必要立刻火冒三丈，甚至惩罚他，这样孩子可能会为了逃避责罚而编造出一些其他方面的谎话，最后反而把他"逼"成了一个更"棒"的谎言大师。

家长应该清楚地表明自己的立场，告诉孩子你不允许他这样说谎，并有针对性地对其加以监督，以免他们报喜不报忧，为小事而撒谎。

尊重孩子的隐私

随着年龄的增长，孩子想更大程度地主宰自己的生活，如果你硬要进行干涉，他就会索性以谎言相回应，而且不会让你轻易识破。作为家长，应该尽量和孩子多沟通，尊重他应当有的私人空间，不要"管"得孩子被迫撒谎。

处罚孩子是不得已而为之的办法

当孩子已经养成说谎的习惯，尤其是他已经长大了，清楚自己的谎言是为了达到掩饰自己侵害他人权益的错误的目的时，这就很可能是他的道德品行出了问题。那么此时父母应该努力找出问题的根源，并加以纠正。这时，训斥或是加以惩罚也能起到一定的惩诫作用。

皇甫谧

宽容加激励，
浪子回头金不换

当自己的孩子出现过失，犯了错误，成了名副其实的"问题孩子"时，家长该怎么办？是批评、训斥还是惩罚？晋朝有个叫皇甫谧的人，曾经是一个不学无术的浪子，最后却成了有名的大学问家，这样的改变源于其婶母任氏的宽容、谅解和信任。

智趣故事

皇甫谧从小就被过继给其叔父抚养，娇惯得养尊处优，又不爱学习。一直到20岁时，他依然是游手好闲，不务正业。人们不屑一顾地讥笑他说："这孩子，生在名门，长在名门，不学无术，真是朽木不可雕也！"

他的婶母任氏发现后，也曾多次劝他用心读书，改邪归正，但总也不见成效。为此任氏心里十分难过，于是她决定狠狠地刺激他一下。一天，皇甫谧拿了瓜

名家简介：

皇甫谧（215年—282年），字士安，自号玄晏先生，西晋著名医学家。著有针灸学名著《黄帝三部针灸甲乙经》12卷。另著《帝王世纪》《高士传》《列女传》《玄晏春秋》《年历》等。

果来孝敬婶母。任氏接过来却没有丝毫的喜悦，而且还非常严肃地对他说："孩子，人家都说你二十多岁了，还游手好闲，不干正事，是吗？一个人活在世上，如果饱食终日，无所事事，和禽兽又有什么不同！你就是天天给我送肉吃，也无法安慰我的心！"皇甫谧看婶母严厉的样子，不敢反驳。

> 犯错误是无可非议的，只要及时觉察并纠正就好。
>
> ——贝弗里奇

任氏看看那堆瓜果，语重心长地说："其实，你还是很懂人情事理的。你能给我送瓜果来，不就是好事吗？"她说着说着，心里一阵酸楚，接着流下泪来，"孩子，我不忍心看你这样下去；人们都说你没出息，我的心如刀割一般。你要下决心，浪子回头，走正路，好好读书学习，做个有用的人啊！"

婶母的一段哭诉，深深地打动了皇甫谧。他低着头，先是无言以对，想到自己令婶母如此难过，心能里非常后悔，后来竟也是热泪横流。最后，他泣不成声地向婶母保证："孩儿一定改过，从此发奋读书，做有用之材，为您争光。"

皇甫谧走后，有人不以为然，他们对任氏说："他不过是拿话骗你罢了，真该训斥一顿，嗤之以鼻。"任氏说："孩子应该管教，还应该信任。如果连我都不相信他改过的诚意，挫伤了他的自尊心，还能期望他悔过自新吗？"

果然，皇甫谧言行一致，毅然告别舒适的家庭，拜一位学识渊博名叫坦席的人为师，一边种地，一边读书，立下了著书立说的志向。经过长期的勤奋读书和刻苦著述，他终于成了一位亨有盛誉的医学家。

历史评说

"浪子回头金不换。"出于严格要求的原则，往往孩子在行为上有了过失或者犯错后，家长们习惯采用严厉批评、斥责的方法，来达到教育的目的。

皇甫谧的婶母任氏对其晓之以理，动之以情，并赞扬侄儿的孝心，唤醒他天性善良纯真的一面，以此来鼓励他，还给予侄儿足够的信任，坚定了侄儿改过自新的决心。

由于家长望子成龙心切，一旦孩子犯了错误，家长便"恨铁不成钢"，没头没脑地就把孩子骂一顿，或者怕孩子记忆不够深刻，便对其施以拳脚，给孩子在心灵和身体上留下深深的烙印。但家长可以回想一下，自己怒上心头，往往只是把怨气发泄出来了，却没有给孩子讲清楚道理，孩子也容易产生强烈的逆反情绪。

还有一些家长由于对孩子的失望和过激的情绪，便丧失了信心，觉得孩子难以改好，于是产生了放任自流的心理，这更使得那些本来只是在"河边"徘徊的孩子，有了"破罐子破摔"的念头，形成了阻隔"浪子回头"的一道墙。

实际上，"问题孩子"可分为两种：一种是故意的、主动的，属于品质上的问题，他们对自己不好的行为丝毫没有悔意，反以为荣。这时可以采用批评、责骂甚至是惩罚的方法，帮助他们认识并改正错误。

一种是属于孩子经验的问题，他们的认识能力有限，是无意的，并且在意识到了自己的错误后，也深深地感到后悔和内疚。这时他们需要的则是父母的宽容和谅解，父母要帮助他们树立改错的勇气和信心。此时如果再严厉地批评，就好比是"雪上加霜"，不会收到什么好的效果。

慧宝良方

作为父母，首要任务是分清孩子犯错误的原因是什么，以便"对症下药"。

理智的头脑

尽管自己非常生气，但仍然要分清孩子在思想行为上的过失是属于主动的还是被动的，是道德品质的问题还是年少不懂事。如果属于后者，就应该冷静地对待孩子的错误，采取宽容激励的教育方法。要让他知道父母是爱他的，"知错能改，善莫大焉"，这时的宽容不等于姑息。

恰当的批评教育

倘若孩子是不自觉的，而且已经后悔莫及，那么在说教的时候不妨对其动之以情，让他知道如果任凭自己继续发展下去，会让父母多么伤心，以唤起他们对父母用心良苦的理解。如果孩子已经有了改正的愿望，却还是遭到父母粗暴的批评，对其不理解、不信任，改也被骂不改也被骂，这样做无疑会使孩子的决心大打折扣。

不断鼓励，并充分地信任孩子

在孩子改正的过程中，讽刺挖苦不但对孩子改正错误毫无意义，而且容易伤害孩子的自尊心。父母可以利用孩子优秀善良的一面，鼓起他改正错误的勇气。要知道别人怀疑孩子不要紧，家长才是他动力的源泉。如果连最亲近最值得依赖的人，都对他抱以怀疑的态度，那么即便改好了，又有什么意义呢？

曾经在报纸上看到过这样一则感人报道：一个18岁的女孩，由于年轻不懂事，加上对其父母离异的怨恨，因犯罪而锒铛入狱。她的母亲知道后，痛心不已。于是她开始经常去看女儿，和女儿谈心，化解母女之间的矛盾。她知道女儿歌唱得好，就鼓励她参加监狱里组织的文艺活动，并帮助女儿在出狱前出版了一张CD。最后女儿终于因为表现良好，被提前释放。

总之，孩子犯了错，父母不应该仅仅同孩子赌气或者发泄脾气。要让"问题孩子"改正错误，不是他一个人的事，还需要父母有理智、有爱心、有耐心、有信心，不断地给孩子打气，给予他帮助，让他看到明天天气依然晴朗。

王献之

刻苦努力，天才出自勤奋

艺术家罗丹曾经说过："任何倏忽的灵感事实上都不能代替长期的工夫。"意思是说只有勤奋，才能得到最后的成功。东晋时期，我国出现了两位大书法家，以其勤奋和书法成就成为人们的楷模，他们就是被并称为"二王"的"书圣"王羲之以及他的儿子王献之。

智趣故事

王献之七八岁时就跟着其父亲学习书法。一开始他很有兴趣，后来，觉得整天和笔墨打交道，坐得腰酸腿疼，便不想练下去了。一天他问父亲："写字有没有窍门？"王羲之明白儿子的心思，于是他指着院中的十八口大水缸和窗下堆积如柴垛的磨秃了的笔杆说："等你把这十八口大缸里的水用光了，磨秃的笔杆也堆成这样高，窍门就找到了。"王献之明白了父亲的用心，惭愧地低下了头。王羲之见儿子知错，便耐心地给儿子讲起了大书法家张芝"临池学书，池水尽墨"、苦练成才的

名家简介：

王献之（344年—386年），字子敬，是东晋大书法家王羲之第七子。他是东晋书法家，专工草书隶书，以行书和草书闻名。与其父并称为"二王"。

故事，使王献之深受启发。从此，王献之刻苦练习，进步很快。

一次，王羲之见儿子进步很大，便对妻子赞扬起儿子来。这话让王献之听见了，便产生了骄傲的情绪，不再用功苦练，还打定主意要显点本领给父亲看看。这天，他洋洋得意地写了一大篇，捧去给父亲评定。王羲之对儿子的自满情绪极为不快，但他并没有马上责备儿子。他发现这篇字里边有个"太"字漏了一点，成了"大"字，便提笔把那一点补上了。然后，叫儿子拿去给他母亲看。

王夫人平时受王羲之的熏陶，很会鉴赏书法，她仔细看了儿子的字后，指着"太"字的一点说："吾儿练字三千日，惟有一点似羲之。"王献之听了十分惭愧，母亲所指的那点正是父亲点上去的那一点。

后来王献之经过坚持不懈的努力，终于领悟了书法的真谛，也成为独树一帜的书法艺术家。

> 天才是百分之一的灵感，百分之九十九的血汗。
>
> ——爱迪生

历史评说

我国现在仍然以王羲之和王献之父子为书法艺术史上的楷模，他们的成功"诀窍"，便是勤学苦练。

"形成天才的决定因素应该是勤奋"，而且中国人重视读书、勤奋好学，这已成为中国人世代相传的优良传统。任何一颗耀眼的"星星"，都要经过十几年甚至几十年的积累。我们所敬仰的名人，也无不伴随着不间断的、有目的的练习。没有这些努力，就是最大的天才，单凭先天条件，也决不会有多大成就。

勤奋，说起来容易做起来却似乎很难。越来越多的家长抱怨："我的孩子脑袋挺聪明，可就是太懒了，一点也不用功。"看来我们的孩子不知不觉地在给"勤奋"贬值。的确，对于现代人来说，微波炉3分钟就可以做顿饭，查找资料直接从网上"Down Load"就OK，整天梦想中彩票发大财，因而对"勤奋"这个词也就很陌生了。孩子们则很容易认为那些令人瞩目的名人是靠相貌和天分成功的，名人们曾有过的坚持不懈的努力，只不过是其获得成功的很小一部分原因。

慧宝良方

家长仍然很有必要强调辛勤努力与成功之间的必然的因果关系。

培养孩子好的时间观念

越来越多的家长已经认识到了需要让孩子珍惜时间。合理安排时间是成才教育的一项基本训练。伴随着年龄的增长，孩子的时间观念也不断增强，只是他们还没有真正懂得"一寸光阴一寸金，寸金难买寸光阴"的道理。家长应注意适时地督促孩子有效地利用时间和珍惜时间。

培养孩子的恒心和毅力

著名的科学家道尔顿说："如果我有什么成绩的话，那不是我有才能的结果，而是勤奋和毅力的结果。"可见，勤奋和毅力向来是一对孪生兄弟。在学习和生活上，孩子经常会遇到这样或那样的困难，所以，家长应该关心孩子的学习，并及时地给予鼓励和帮助。

而且，成绩是天长日久积累下来的，要持之以恒，才能有收获。

不要放弃任何一个教导孩子的机会

在《伊索寓言》中有这样一个故事：农夫临终时，想让他的孩子们懂得怎样种地，就把他们叫到面前，说道："孩子们，葡萄园里有个地方埋藏着财宝。"农夫死后，孩子们用鹤嘴锄把土地都翻了一遍，他们没有找到财宝，可是丰收的葡萄却给他们带来了可喜的收获。

其实，农夫就是要告诉孩子们，勤劳是人生的"财宝"。我们的父母，也应该时刻教子以勤，让孩子领会到，物质文明和精神文明发展到今天，都是勤奋的果实。

祖冲之

尊重孩子，他将懂得尊重自己和他人

　　许多调查发现，在家庭教育中，父母的管教方式是否科学将直接影响着子女的成长：获得父母尊重的孩子，其成绩明显要比经常挨骂的孩子好得多，但不得不说，我们的父母很少想过，孩子其实也需要尊重。我国南北朝时期的大科学家祖冲之，在童年时就曾因为一时没有得到父亲的尊重，而险些与"科学家"失之交臂。

智趣故事

　　祖冲之的父亲祖朔之，是个小官员。他望子成龙心切，祖冲之还不到 9 岁时，他就逼着冲之读《论语》，读一段，就叫冲之背一段。两个月过去了，祖冲之却只能背诵十来行，气得祖朔之把书摔在地上不教了，并且骂道："你真是个笨蛋啊！"过了几天，他又把儿子找来，教训他说："你要是用心读经，将来就可以做大官。不然，就没出息。现在，我再教你，你再不努力

名家简介：
　　祖冲之（429年—500年），字文远，南北朝时期数学家、天文学家。其主要成就表现在数学、天文历法和机械制造三个领域。他编制了《大明历》，计算了圆周率。

可不行啊！"

可是，祖朔之却是越教越生气，祖冲之也是越读越厌烦。他皱着眉头，愤愤地说："这经

> 一个人如果希望他的孩子尊重并执行他的命令，那他自己首先要尊重他的孩子。
>
> ——洛克菲勒

书我不读了。"气得父亲打了祖冲之一巴掌，打得儿子号啕大哭起来。正在这时，祖朔之的父亲祖昌来了。他问明情况后，对祖朔之强硬的教育态度不赞同。祖朔之觉得父亲有道理，就让儿子跟着其祖父到他负责的建筑工地去开开眼界，长长知识。

祖冲之到工地上和农村的孩子玩了几天后，知识丰富多了。他问祖昌："爷爷，为什么每月十五的月亮一定会圆呢？"祖昌解释说："月亮运行有它自己的规律，所以有缺有圆！"祖冲之越听越有趣。从此以后，他便经常缠住爷爷问个不停。祖朔之这时也改变了对儿子的看法，每天教他看天文书，有时祖孙三代还一起研究天文知识。这样，祖冲之对天文历法的兴趣就越来越大了。祖昌特意带孙子去拜访一个钻研天文很有成绩的官员何承天。何承天问祖冲之："小兄弟，天文这东西研究起来很辛苦，你为什么要钻研它？"祖冲之说："我不求升官发财，只想弄清天地的秘密。"何承天笑道："小兄弟，有出息。"

从此，十多岁的祖冲之便经常找何承天研究天文历法。后来，他终于成为一名杰出的科学家，他推算的圆周率值要比欧洲早一千多年。

历史评说

难以想象，如果祖冲之仍然是经常挨打，被斥责为"笨蛋"，又没有祖父的及时"挽救"的话，那么中国的历史上，很可能就会少了一笔浓墨重彩。

不得不说，祖冲之父亲的做法和心理，正应了一句口头禅："打

是亲，骂是爱，不打不骂难成才"。但是，很显然，他父亲的这种做法只能是加深父子之间的隔阂。而其祖父则很讲究方法，他尊重孙子的兴趣，并善于引导和教育，还使得祖朔之尊重儿子的兴趣和选择，从而最终塑造出了一个令中华民族为之骄傲的科学家。

尊重是人的高层次的心理需要。一个孩子如果生活在尊重之中，他就能学会自尊和尊重别人。尊重孩子是孩子形成良好性格和心理健康的最佳补品，比各种高级儿童营养品更有用。

"孩子还要尊重吗？"不少父母对尊重孩子的问题不禁提出疑问。大人们习惯了尊重同事，尊重长辈，却往往忽略了对孩子的尊重。实际上，这样会导致孩子的自尊心"很受伤"，或者处处依赖父母，可以说是贻害无穷。

在一向信仰自由民主的美国，每个家庭都很重视充分发挥孩子的主动性，让孩子选择自己什么时间玩，什么时间学习。父母会根据孩子的选择作出相应的回答，即使要改变孩子的想法，他们也要和孩子商量，讲明为什么要这样做。美国总统肯尼迪的父亲约瑟夫就不主张一天到晚老是让孩子顺着自己的意思，他还常常故意向孩子提出相反的意见，挑起争论。如果孩子与他争论起来，他反而会更高兴。

慧宝良方

美国那种完全给孩子自由的尊重在中国不一定适合，但是，他们的这种意识，倒是值得中国的家长们借鉴。那么如何做，才是尊重孩子，培养孩子的自尊呢？

耐心地对待孩子的问题或要求，要征求孩子的意见

对于孩子们提出的问题，家长要认真倾听，不要因为自己太忙太累，或者问题太幼稚而简单应付，用"我正忙着呢"来"打发"他。另外，孩子作为家庭的一员，尽管他们的有些意见也许没有用，但仍然要与孩子探讨。

不当着孩子的面同别人谈论他

大人不喜欢被别人当做"谈资"，孩子同样如此。不管孩子愿不愿意，刻意地对别人展示自己的孩子，这样会让孩子有"作戏"、受摆布的感觉。

不把孩子拿来同别的孩子作比较

比较不仅会使"强"的孩子变得骄傲，而且会使"不如别人"的孩子变得自卑，难以重新建立自尊。父母要发现并肯定孩子的每一个进步，给孩子以惊喜与鼓舞。

少用命令、教训的语气、语调来同孩子说话

尊重孩子，要多用情感交流的语言，而少用"你给我听着"、"老实点"等类似的话，不要使孩子觉得父母把他当成"动物"在使唤，让他以为在你们眼里他毫无地位和尊严。

多让孩子参与成人的活动

大人只顾自己说话，或者只顾自己娱乐、工作，将孩子"晾"在一旁，会使孩子感到备受冷落。应鼓励孩子参加进来，让他觉得自己受到了重视，进而产生自我成就感，并体验到平等，同时也对自己的行为负起责任来。

正确对待孩子的过失

对于孩子的错误，不要严加惩罚，而应该民主地对待，给孩子自己思考并改正的机会。

尊重孩子的意愿和选择

当家长的意志与孩子的兴趣，或者与孩子选择发展的方向发生矛盾的时候，家长应该慎重考虑子女内心真正的想法，尽量换位思考，从孩子的角度去考虑问题，理解并尊重孩子的选择。

苏轼

做好父母，发挥榜样的力量

榜样对孩子的心灵是一缕非常有益的阳光，而这缕阳光是没有任何东西可以代替的。我国"唐宋八大家"之一的苏轼与其父苏洵、其弟苏辙并称为"三苏"，由此足见他的成长与父母的教育和培养是分不开的。

智趣故事

苏轼出生在四川眉州，其父亲苏洵在当地以文采出众而闻名。年幼的苏轼对什么东西都感兴趣，一天，他和伙伴在院子里挖土，竟然挖到了一块精美的石板，苏轼忙不迭地抱起石板去见父亲苏洵。

苏洵看着石板，用手在上面抚摸着，连声称赞"天砚"。他告诉苏轼这是块做砚的上品石，并郑重地把那块石板送还给了苏轼。苏轼接过石板，并暗暗发誓，一定要写出像父亲那样好的文章来。

他的这个梦想很快便实现了，苏轼十岁的时候，一篇充满奇思异想的《黠

名家简介：

苏轼（1037 年—1101 年），字子瞻，号东坡居士。北宋文学家，堪称全才，他在各个领域都有极高成就，且善书法和绘画。其散文与欧阳修并称"欧苏"，诗与黄庭坚并称"苏黄"；词与辛弃疾并称"苏辛"；书法名列"苏、黄、米、蔡"北宋四大书法家之一；其画则开创了湖州画派。

鼠赋》便摆上了其父亲的书桌。从此，他就更加用功读书了。

这一年，父亲外出游历四方，苏轼的教育便由其母亲程氏负责。他的母亲出身富贵家庭，而苏家却并不是很富有。但她深明大义，安贫守志。有人劝她向娘家求助，而她只是笑笑说："央求父母没有什么不可以的，但这容易让人误解说我的丈夫无能，养不活妻儿。"这番话被一旁的苏轼听见并深深地记在了心里。

苏轼的母亲还善于用历史故事来教育子女。一天，母亲教苏轼读《后汉书·范滂传》，她先讲范滂疾恶如仇、反对宦官专权的正义行为，接着又讲了范滂后来因为得罪权贵而被朝廷缉拿，其母送他上路，并嘱咐他要保持气节的故事。讲到这里，母亲情不自禁地长叹一声说："后汉时期，人们崇尚气节，真是了不起啊！"苏轼听了很受触动，他倚在母亲怀里说："母亲，要是我长大了也像范滂那样，您愿意吗？"母亲听儿子这么说，心里十分高兴，她抚摸着苏轼的背说："要是你能像范滂那样，我怎么就不能向范滂的母亲学习呢！"

> 父亲和母亲的一切生活，一举一动应该作为儿女的榜样，也是父母对儿女互相关系的基础，这就是爱向往真理，爱却不是倾向于一己的境界。
>
> ——别林斯基

苏轼把母亲的教导牢牢记在心上，后来他因为为人正直，在官场上屡次遭受挫折，但他始终以范滂为楷模，保持气节，最终成为了一位品行与才学都堪为后人榜样的大文学家。

历史评说

儿童的特点是模仿性、崇拜性强，容易崇拜代表他们心愿及认为值得尊敬的人物，进而模仿他们的言行。苏轼的父母并没有向他灌输多少大仁大义的道理，也没有把"好好读书"挂在嘴边，而是用自身的力量和优秀的故事人物潜移默化地影响着苏轼。

苏轼的父亲才学出众，因此他一向是苏轼崇敬的对象，所以，在父亲送他那块青石的时候，苏轼很快便明白了父亲的用意，并立志要像父亲一样写出好的文章来。同时，母亲对他的影响更不可忽视，她安贫守志，教子有方，通过讲许多优秀的历史故事为其灌输做人的原则，使儿子在心目中树立了以范滂为榜样的志向。苏轼有节有气，其才学和品德一样都为后世所景仰。

常言说：榜样的力量是无穷的。它的影响可以延续到人生的终点，可以广泛地涉及到一个人的心理、意志、道德品质、性格能力等各个方面，所以榜样的力量在一个人的成长中起着重要的激励作用。而对孩子来说，榜样的影响力就更加明显有效，因为他们更相信自己的眼睛。所以作为父母，应该注意自己的一言一行，在日常生活中为孩子做出表率。

一个注意自己言行举止、时刻提醒自己起表率作用的家长，不仅可以提高和树立自己在子女心目中的威信，还可以达到生动的教育目的。

反之，"父母无样，谁见污缸飞彩练"。一个处处不严格要求自己，不注意自己言行的家长，即便是他对孩子的要求再高，再严格，也不会收到好的效果。

广西柳州少女蓝慧在 10 岁那年，她的爸爸因吸毒贩毒数罪并罚被判无期徒刑。小蓝慧由于不能将全部精力都用在学习上，因而其成绩不太理想，再加上是劳改犯的女儿而受到欺侮，小小年纪的她最终离开校门，并结交了社会上的坏女孩，整天和她们学习"偷技"。仅仅 5 年后，15 岁的她就成了令人提心吊胆的"美少女惯偷"。

从蓝慧的遭遇可以看到，不仅仅是家长的"榜样"使她迷失了方向，"友伴"的"榜样"更成了把她推向深渊的直接黑手。所以在努力用自己的言行为孩子树立好榜样的同时，也应注重孩子的交往环境对其造成的影响。

慧宝良方

如何发挥榜样的作用，杜绝消极"榜样"带来的危害，是引导孩子健康成长的关键。

"怎样的牛产怎样的皮"，父母要处处做表率

在日常的具体生活中，家长要时刻严格要求自己。要求孩子做到的，家长首先要自己做到；要求孩子好好学习，父母首先就要在本职岗位上兢兢业业，做出成绩来；要求孩子思想品德优秀，家长自己首先就要遵守道德规范，公正无私，在各个方面注意为孩子做表率。而那种"麻将"一战通宵，"斗地主"一打半夜的行为，将给孩子以怎样的影响更是可想而知的。

注重孩子之间的榜样力量

父母除了自己要做孩子的榜样外，还要鼓励孩子与有道德心的孩子接触，这也是非常好的方法，因为孩子们之间也会互相模仿。

比如你想让你的孩子爱学习，那么让他跟一个比他大的爱学习的孩子多接触，很快就能让他喜欢上学习。当然，父母还可以经常提醒孩子，向别人学习什么，为什么要学习这些。同时更要留意制止他与品行不端正的孩子交往，因为"近墨者"很少有不"黑"的。

用典型的人物和事件对其正面加以引导教育

孩子的天性一般都是向往美好、崇尚正义的，但这种天性也要加以引导。父母可以利用典型的人物和事件对他们进行正面教育，带孩子看些英雄人物和革命家的故事影片，给孩子讲历史名人的传记故事。

另外，孩子容易成为歌迷、影迷、球迷，他们喜欢崇拜英雄，但他们往往不了解"星"光灿烂后面的艰辛代价。家长可以主动了解孩子所喜欢、崇拜的人物，向孩子介绍一些他们的奋斗史，以此来激励孩子，让他们明白：成功是需要不断刻苦努力的，进而督促孩子模仿他们进取的精神。

岳飞

爱国主义教育，让孩子心中有家，心中有国

"天下兴亡，匹夫有责"，这决不应该是高谈阔论，因为个人的命运始终是与国家的命运休戚相关的。时至今日，抗金名将岳飞"精忠报国"的故事，在民间已经流传了 800 多年，这意味着它不仅是我国古代的家教楷模，也是当今爱国主义教育的生动典范。

智趣故事

岳飞出生在北宋末年，他才出生不久，父亲就病逝了，他的母亲姚氏一人挑起了生活的重担。岳飞天资聪慧，他白天下田和母亲劳动，晚上在家刻苦读书，尤其喜爱《孙子兵法》和《吴子兵法》，并从中学会了用兵之道。

岳母不但关心儿子学文，还要求儿子习武。由于岳飞学得专心，练得刻苦，不久便掌握了老师的全套技艺，不但能左右开弓，还能百步穿杨，百发百中。

名家简介：

岳飞（1103 年—1142 年），字鹏举，南宋著名将领、民族英雄。岳飞在抵御北方金国南侵的作战中，屡立战功。

经过数年的努力，岳飞成了"一县无敌"的高手。

岳飞20岁时，正值金国南侵，宋朝只剩下半壁江山，百姓苦不堪言。岳母见山河破碎、生灵涂炭，心中悲愤难忍。为了保家卫国，她积极勉励儿子"从戎杀敌"，并将他送上了战场。临行前一天，为了让儿子记住自己对国家民族所承担的责任，为了激励儿子"以身许国"的壮志情怀，岳母将岳飞带到祖庙前，对他说："我含辛茹苦将你养大，如今你就要奔赴沙场，希望你能建功立业，报效国家；但前途难测，宦海多变，可千万不能做辱身败名之事。我现在当着祖宗之面，要在你背上刺下'精忠报国'四字。"岳飞明白母亲的用心，随即跪倒在地。岳母便用绣花针在他的后背上刺下了"精忠报国"四字，并涂上了永不褪色的醋墨。从此，这四个字不仅留在了岳飞的皮肤上，而且也深深地刻在了岳飞的脑海里。

岳飞离家后，时时处处铭记母亲的慈训，将"精忠报国"作为自己的志向和抱负，也作为整个"岳家军"的奋斗目标和口号，并写下"壮志饥餐胡虏肉，笑谈渴饮匈奴血"的豪迈誓言。他率兵南征北战，东进西伐，深受百姓爱戴。金兵则在惨败之后，谈"岳"色变，慨叹："撼山易，撼岳家军难！"

鉴于岳飞的赫赫战功，宋高宗要为他建府第。他谢绝说："敌未灭何以家为？"为早日赢得天下太平，岳飞高呼着"还我河山"，一次次冲锋陷阵。但无奈最后却被奸臣陷害致死，所有正义之士无不为之落泪。

假如我是有一些能力的话，我就有义务把它献给祖国。

——林耐

历史评说

古人对爱国教育非常重视，也常将此放在家教的第一位，而岳飞正是这种思想教育下产生的杰出代表。

当时，南宋政治腐败，民怨沸腾，人民纷纷起来反抗，朝廷矛盾十分尖锐。面对国家的危亡，岳母深深感到，要使儿子长大成材，就一定要教育他报效祖国。她鼓励儿子读兵书，学武艺，并含泪在其背上刺字，以使其记住自己的教诲。岳飞的赤胆忠心和英雄事迹，感天动地，岳母对岳飞的爱国主义教育更成了代代相传的千古佳话。

自古以来，就有司马迁"常思奋不顾身，而殉国家之急"；顾炎武"天下兴亡，匹夫有责"；少年周恩来"为中华之崛起而读书"。凡此种种，都是爱国思想的生动体现。爱国主义决不是高谈阔论，它促使人"弃燕雀之小志，慕鸿鹄而高翔"。纵观历史，众多的志士仁人、科学家、英雄模范，都在实现祖国富强的过程中实现了自身的价值。在他们的灵魂深处有深厚的爱国主义情感，有远大的报国志向，如果不是这样，又以何动力来成就事业呢？

可有些家长却认为，孩子的爱国精神与学习没什么关系，只要把学习抓好就行。但是一个人如果不热爱自己的故乡和国家，他再有知识和才能，不能服务于国家和社会，那他的知识和才能又有什么意义？

有人说现在是"小学生爱家乡，中学生爱集体，大学生爱自己"。是啊，出生在20世纪70年代末期，就意味着从少年时期，或者一出生就已经享受到改革开放的经济成果，进入青年的时候，就已经处于一个个人主义和官能享乐的时代，一个强调个人，不在意他人的时代。

于是令人担忧的事情发生了，相当一部分高智商的人把中国人的脸丢到了国外去。在澳大利亚有个中国留学生把一个澳元钻个窟窿，拴一根线，投进去打电话，目的是为了省钱，结果被警察抓起来，给外国人看了个大笑话。

慧宝良方

相信我们的家长都不希望看到自己一天天长大的孩子，

成长为生存没有精神深度的一代。因此，这个深为人知的爱国主义教育话题，仍有必要在每个家庭敲一记响锤。

从爱家庭，爱身边的每个人做起

在孩子上幼儿园的时候就对其强调爱国之心、报国之志是不客观的。对于孩子来说，培养他们对祖国的爱，要从身边做起。

前苏联教育家苏霍姆林斯基说："如果一个孩子连他妈妈也不爱，他还会爱别人、爱家乡、爱祖国吗？"让小孩子直接来爱祖国，是一件非常抽象的事，而爱自己的亲人和身边的人，努力给别人带来欢乐，就易懂易做，而且能为日后进行爱国主义教育打下基础。

从切近做起，懂得最基本的规则

家长对孩子有以情激情的有利条件。要让孩子从小就热爱国旗国徽，会唱国歌，明白升国旗的时候要肃穆庄严，教育他哪些行为会危害国家和社会利益，不应该做。

家长要随时注意自己的言行。出于某些原因，有些家长可能对国家、对社会有不当的看法甚至有些怨气，在发表言论时应注意场合、态度，不要给孩子造成不良影响。

充分利用各种大众传媒进行爱国主义教育

家长可以和孩子一起收看、收听、阅读电视、广播杂志等媒体的爱国教育专题节目。比如，令中国人为之骄傲的"航天五号载人飞船"的发射现场，以及英雄杨立伟的报告会等，就是一个对孩子进行教育的好时机。

参观爱国主义教育展、教育基地，游览祖国大好河山

学校组织集体参观，家长要大力支持。有条件的家庭，应全家一起支持孩子外出游览祖国的大好河山、名胜古迹，让孩子知道祖国有着辽阔的领土、丰富的物产、悠久的文化……这些都能对孩子进行爱的熏陶，能萌发他们对祖国的热爱。

顾炎武

教子以人格为重，成长必须先成人

国际 21 世纪教育委员会报告提出了教育四大支柱：学会求知，学会做事，学会共处，学会做人。这给天下父母们一个很好的启示：那就是无论在哪个年代，学会做人才是根本。明清之际我国著名的思想家、爱国志士顾炎武，他学识渊博，品格高尚就得益于其嗣父母对他的人格教育。

智趣故事

自从顾炎武被过继给其叔父后，他的嗣父母就一直将他当做是自己的亲生儿子来对待。嗣父不仅教育他要做一个能文善武的人才，还教育他为人要正直。还亲自辅导嗣子阅读《史记》《论语》《战国策》等著作。

嗣父母在注重顾炎武的学业进步的同时，还特别支持他练武功，强健体魄。

嗣母不但在生活上对顾炎武给予无微不至的关怀，而且十分注意对他的品德教育。她不主张蓄积家产留给孩子，总是带

名家简介：
顾炎武（1613年—1682年），原名绛，字忠清。明末清初著名的思想家、史学家、语言学家。与黄宗羲、王夫之并称为明末清初三大儒。

着顾炎武将节省下来的粮食和衣物，施舍给困难的乡邻。这种乐于助人的美德，给幼年的顾炎武留下了深刻的印象。

此外，嗣母还常常给顾炎武讲历史名人的故事，诸如屈原忠君报国，怒投汨罗江；文天祥被俘后坚贞不屈，大义凛然；于谦 16 岁便作了广为流传的《石灰吟》，等等。小顾炎武听着一桩桩动人的故事，幼小的心灵里也萌发了爱国的种子。

后来顾炎武开始了旅行治学。他的足迹踏遍了河北、山西、陕西等地。他每到一处就把实地考察的结果和书本上的记载对照参看，并做出科学详实的记录。因此，他所著的《日知录》、《亭林诗文并集》等作品，至今仍是人们研究明清之际社会状况的宝贵资料。

历史评说

顾炎武的嗣父母给他的教育是最基本的人格教育。他们除了为顾炎武提供好的文化基础外，他们以身作则，教诲嗣子养成助人为乐的美德，还通过名人的故事来启发他的爱国情感。基于这些伟大的品格，顾炎武不为名利，谨慎治学，为国家奉献了其毕生的精力。

国家督学周德藩认为，教孩子"学会做人"，是家庭教育的核心。美国心理学家在对 1500 名超智儿童经过 30 年的追踪研究之后发现，他们有的成了社会名流、专家学者，有的却变得穷困潦倒、流落街头。导致他们的结局不同的主要原因就在于其人格特点的差异。

长期以来，在我国的家庭教育中，相当普遍地存在着重保护轻教育、重智轻德的教育导向。目前青少年违法犯罪的现象普遍呈上升趋势。究其根源，无不是由于家长采取

> 没有伟大的人格，就没有伟大的人，甚至也没有伟大的艺术家，伟大的行动者。
> ——罗曼·罗兰

粗暴或单一的教育方法，忽略孩子的人格培养而造成的。可见，片面的家庭教育的结果是，即便孩子智力发育良好，学业上出类拔萃，也会因为其人格上的自私自利、缺乏责任感，而使其成为"人中之虫"。

慧宝良方

一个人要想取得成功，个人的人格特点已经成为一个重要因素。那么家庭作为培养孩子健康人格的基地，该做些什么？

关注孩子的全面健康

教育家陶行知说"健康是生活的出发点"。健康不只是身体的，还包括心理的、精神的、思想的健康。现在很多父母虽然也晓得把孩子的健康放到第一位，但仍然没有建立起全面健康的观念和教育方式。

尊重孩子，培养其独立人格

人格教育，首先应以尊重孩子的生活、学习和情感为前提，建立良好的、平等的关系。孩子从父母对他的尊重中，也学会尊重父母和他人，学会独立思考和独立生活，形成独立自主的人格特性。

父母良好的人格，令孩子受益匪浅

子女总是模仿着父母，无论是思维方式，还是个人性格等。如果一个孩子生活在充满爱心、仁慈和责任感的家庭，他日后也必定会成为健康、正直的人；若孩子生活在一个充满火药味、野蛮和自私自利的家庭，那么他很可能会成为一个暴躁、毫无教养，甚至危害社会的人。

重视品德，成材先成人

父母考虑孩子学会做人，往往偏重在知识和技能上。其实良好的道德品质才是"成材"的基础。"学会做人"先要学会做正直的人。"表里不一"、"乖巧做人"，虽然在短时间内似乎奏效，但对于长远的发展来看，的确没什么好处。

李大钊

合理的处罚，有利于孩子的成长

　　人在成长的过程中，难免会犯错误，关键是在错误出现的时候，得到怎样的指导并去改正。革命烈士李大钊在小的时候，也曾犯了一次不小的错误，为此他的爷爷李老先生还对他进行了"大"的"体罚"。

智趣故事

　　一天中午，李老先生像往常一样，来到大门口等孙子回家。他的孙子李大钊只有七八岁，在村西头的私塾里读书，李老先生等了许久也不见孙子回来。原来他家对面有一座庙，经常有一群人聚集在那里赌博。爷爷害怕孙子染上赌博的坏习惯，曾一再警告李大钊不要去，现在，他这么晚还没回来，是不是去了那呢？

　　爷爷忐忑不安地向吵吵嚷嚷的庙走去。果然看见他的小孙子夹在一群孩子

名家简介：
　　李大钊（1889年—1927年），字守常。中国共产党主要创立人之一，中国最早的马克思主义者和共产主义者之一，中国国民党第一届中央执委，后被张作霖杀害。

中，正兴致勃勃地看热闹呢。爷爷气得胡子直抖，扭头就回家了。

> 犯了过错的人应当受到惩罚。但是他们之所以应受惩罚，并非因为他们犯了错……而是为的要使他们日后不去再犯。
>
> ——夸美纽斯

"爷爷！"大钊终于回来了，但爷爷连看都不看孙子一眼，板着脸问他："你今天放学为什么回来这么晚？"李大钊低着头，后悔不该去凑热闹，但他还是照实说："我去看扔玩儿（一种赌博）了。""看扔玩儿热闹不？""热闹。"李大钊低声回答。爷爷点头说："是呀！比呆在家里坐着不动念书要热闹得多啊。可我嘱咐你的话你全忘记了吗？那些人空长一双手，不干活，满手的铜臭味。难道你也要和他们一样！你自己说现在该不该罚？"李大钊点点头。罚什么呢？爷爷望望七月如火的大地，沉思了一会儿，说："认错就去翻麻吧！"

李大钊没吭声，他默默地顶着烈日登上屋顶，吃力地翻起麻来。屋顶的麻又密又厚的一大片，李大钊翻着翻着，很快就汗流浃背了。

爷爷非常疼爱自己的孙子，他看着瘦小的孙子在烈日下干着力不胜任的庄稼活，不禁心疼起来，不过他更清楚对孩子的过错绝不能姑息。直到李大钊的表姑来说情了，爷爷才赶忙答应道："嗯，是时候了，下来吧。"李大钊气喘吁吁地从房上爬下来，爷爷心疼地叹了口气，说"去喝口水，歇歇吧，以后可要好好念书，再不要到那群人里去看热闹了，要是学会了赌博，这辈子你就完了！"接着，老人就把那些赌钱人丢人现眼的丑事，讲给大钊听。从此，李大钊就再也没有去看赌博了。

历史评说

李老先生在对孙子的教育上，可以说是动足了脑筋。对于幼年时期的李大钊来说，他并不能真正认识到参与赌博游戏的行为会对自己的将来产生什么危害。为此，爷爷经过劝阻无效后，决心好好处罚一下小孙子。于是便有了李大钊顶着烈日在屋顶上劳动的一幕。可以说，这既是一种惩罚，又是一种劳动的锻炼；并且爷爷能够在惩罚之后，对小李大钊给予关心，更仔细地对其讲明道理，从而收到了教育的效果。

教导自己的孩子，是所有家长都认可的天经地义的事情，但怎样教导，其中的区别却很大。过度的纵容会导致孩子的许多不良习惯；但过度严厉、专制也会使孩子产生许多心理障碍和反常的个性。

我们应该明白，孩子的成长是从认识错误开始的，错误产生、发现和改正的过程就是其学习和改进的过程。没有原则的爱，相当于不爱。许多家长在面对孩子犯错误的时候，往往只是疾风暴雨似的批评，撒了一时的怨气，但事后却发现，即便是喊破了嗓子，也收效甚微，天生"没记性"的孩子只会暂时记住父母的暴跳如雷。于是更多的家长便吸取了世代相传的"棍棒底下出孝子"的"宝贵经验"，但这样的结果，只能是摧残孩子的身心健康，加深孩子与父母之间的隔阂，而且"棍棒教子"也已经在很多家庭教育的实践中被证明为败笔了。

这样的例子不胜枚举。有一个叫奇奇的孩子，他父母唯一的愿望就是希望他能出人头地，因此对其非常严厉，常常是怒骂，加以棍棒、皮带，甚至罚跪。久而久之，奇奇越打越野，在家中得不到关心的他终于在社会上找到了"关心"和"温暖"，他想干什么，都能得到那些流氓团伙的"鼓励"，后来终于因抢劫而成了一名囚徒。

慧宝良方

孩子犯错当然应该受到家长的批评和惩罚，那么才能如何使孩子在批评和惩罚中进步、提高，不致因此而使孩子心头积聚孤僻和怨恨的情绪，进而造成家长与孩子之间的对立？这其中大有学问可究。

允许孩子做出解释，要依照规则进行惩罚

父母应该允许孩子对其所做的事作出自己的解释。要告诉孩子：给他解释权,目的绝不是让他推卸他该负的责任,而是要他实事求是地面对。

父母平时就应及早和孩子协商制定一个奖惩规则,不可不教而罚。这样,孩子平日就会有所注意,从而减少其犯错误的几率。当孩子犯错误后,家长应平息自己的情绪,不要一时冲动而妄自随性惩罚孩子,而应该按照已定好的规则行事,从而树立起自己的威信。

批评和处罚要及时，并且要就事论事

常听见有母亲对孩子说："爸爸回家后就有你瞧的啦！"这样说无论从吓唬的角度看,还是从教育的角度来说都不能奏效。要知道"隔夜的饭不香",批评和惩罚也要及时才能让他记得深刻。

另外批评要就事论事。孩子有了错误,家长要采取宽容的态度,不要把"陈芝麻烂谷子"的旧账也翻出来说一说,把问题扩大化。

把握批评和处罚的尺度

批评孩子的时候要慎重地对待自己的语言以及场合,切记不要用那些伤害孩子自尊心的语言,比如"傻瓜,没用的东西！""没出息！",等等,也不要在公共场合体罚孩子,这样教育的作用不大,给孩子震出"内伤"却是真的。

在选择惩罚方式的时候,建议家长采用一些含蓄的惩罚方式,比如惩罚他陪着父母一起干家务,或者采取故意对其冷淡等方式进行冷处理,让孩子反省自己的过失。只要能够让他接受教训就可以了,大动干戈的体罚要尽量避免。

批评和处罚过后要表达对孩子的关切之情

事情过后,父母不要一直板着脸说话或不理睬孩子,而要让孩子知道,做错了事就应受到批评和惩罚,但父母也不会因为他做了错事就不爱他。这将给孩子带来莫大的心理安慰,并会使其为了获得父母的继续疼爱而避免犯错。

胡适

精心打造成长的良好环境

好的环境是孩子成材的必要条件。要想培养出博学多才的子女，就必须为子女提供良好的成长环境。当然这里的良好环境，并不是单纯地意味着舒适的物质环境。我国博学多才的著名学者胡适，他的家庭虽然贫穷，但带给他的精神食粮却是非常"富有"的。

智趣故事

胡适出生于安徽，他的父亲早年病故，其母亲冯顺弟便担负起教育胡适的重任。冯顺弟受丈夫的影响很深，她常常对儿子讲述丈夫生前的种种好处，说："我一生只晓得你父亲是一个完全的好人，你要学他，不要丢他的脸。"每天晨光微露时，胡母就把儿子叫醒，催儿子快去上学，刻苦读书；放学后又督促他把该背的书背熟，该写的帖子写完。胡适特别喜欢读书，一有时间便捧起线装古书阅读，常常看得入了迷，母亲看在眼里，心里也很安慰。

名家简介：

胡适（1891年—1962年），五四运动的轴心人物。第一位提倡白话文的学者，致力于推翻二千多年的文言文。

小时候的胡适既聪明又调皮，也免不了胡闹。每逢胡适做错了事时，胡母从来不在人前责备他，而只用严厉的眼光一瞅，胡适就被吓住了。到了夜深人静的时候，胡母才会关起房门教训他，以免伤了儿子的自尊。

一个秋天的晚上，天气转凉了，胡适穿着单薄的衣裳，站在庭院里眺望星空。母亲关切地说："天凉了，快进屋穿件夹衣吧！"胡适看星星看得正起劲，竟然与母亲顶嘴，还说了句非常刺伤母亲的话。后来胡适意识到自己闯了大祸，便跪着一直哭，并不住地揉眼睛。结果害了一年多的眼病，请了许多医生也治不好。后来胡母听老人说用舌头舔可以治好，便每天用舌头去舔儿子的眼睛，最后居然真的给舔好了。

胡适天资聪慧，加上其母亲管教有方，11 岁时他便已经能用朱笔点读《资治通鉴》，而且独出心裁，自己创编了一部《历代帝王年号歌诀》。后来这本歌诀传到了当地知府大人的手中，知府大人殊为赏识，让人用宣纸印了数百本散发。胡适从此便得了个"小神童"的称号。

然而，这一时期，胡适家里的经济情况却是每况愈下。为了挣钱贴补家用，胡适便帮助舅父料理其中药店的杂务，但是胡母想起了丈夫生前"你要尽力让他读好圣贤书"的嘱咐，于是胡母毅然决定送 12 岁的儿子去上海求学。这是胡适第一次离开母亲，心里非常害怕和不舍。正如长大后的胡适所回忆的，"所有的防身之具只是一个慈母的爱，一点点用功的习惯和一点点怀疑的倾向。"

历史评说

胡适的家境贫寒，其母亲只是一位普普通通的妇女，她为人朴实，也并非懂得多少教子理论，却能够培养出一位学贯中西的大学者，可以说这归功于她为胡适苦心营造的良好的成长环境。

其一，基本的物质基础。尽管胡适的家庭并不富裕，但是胡母仍然千方百计为儿子创造学习的机会和条件。其二，胡母对儿子有着深沉、朴实的爱。爱是一种特殊而有效的教育方式。其三，胡母虽然文化程度不高，但她崇尚知识，崇尚文化，一心想让儿子能读上书，做一个有学问、有修养的人。这些都是胡适成功的基础。

正在成长的幼苗需要养分。苏联教育家苏霍姆林斯基曾说过："良好的情感是在童年时期形成的，如果童年蹉跎，那么失去的将永远无法弥补。"因此，孩子性格的形成、品德的培养以及其以后的才能发展，都与这一时期的环境有关。值得庆幸的是，现在大多数家庭都在爱孩子与提供物质方面，做着大量的努力，并有条件给予子女充沛的感情，创造舒适的生活条件。

但是，作为父母仅有爱是远远不够的，还要善于教育。有调查表明，父母的文化程度与孩子的智力发展之间是有着密切的关系的，因为文化程度较高的父母，比较重视锻炼孩子的口头、书面语言，思维与能力方面的培养。

当然这并不是说只有才能出众的父母才能教育出出色的孩子来。"诗书传家久"的书香门第自然有其自己的优势，但是牛顿是个遗腹子，曾参的母亲是个织妇，安徒生的父亲是个穷鞋匠……这些家庭都没有采取"树大自然直"的态度，而是倾注了满腔的关

> 爱孩子，这是母鸡也会的事。可是要善于教育他们，这就是国家的一桩大事了，需要有才能和广泛的生活知识。
>
> ——高尔基

心和爱护，并为其孩子的成材做了很多事情。反之，如果父母很少有时间照顾孩子爱孩子，或者过于强调孩子的经济意识，让孩子早早脱离了教育的轨道，终日如脱缰的野马，那么，再充裕的物质生活，也难以培养出思想上富有的孩子来。

慧宝良方

综上所述，只要正确地处理孩子的教育问题，自己的家庭也有可能成为天才的摇篮。

提供生存和生长的客观条件

父母要为孩子提供必要的或者哪怕是起码的生活条件，让孩子能够得到健康的成长。一定的物质基础能够为孩子进一步学习、深造提供必要的保障，满足其学习需求。

当然经济情况不好的家庭也不必妄自菲薄，在当今中国最知名的学府清华大学，大量的学生都来自于贫困家庭，他们中甚至有些人连学费都交不起，其父母也没有什么文化。可在激烈的竞争中，他们却能够过关斩将，进入清华，其中很大的原因就在于他们的父母虽然没有文化，但都能够给他们提供一个崇尚文化的积极向上的氛围。

真挚的情感养分是孩子成长的"第一食品"

父母及亲友对孩子真挚的爱心和这种爱心的正确表达方式，对于孩子的健康成长非常重要。在一次对多名高考状元的调查中，专家得出了这样的结论：温暖、民主、宽松的情感是孩子个性和学习潜力充分发挥的基础；而严厉、溺爱、过分保护、干涉则会成为其成长途中的绊脚石。

良好的文化氛围是培育天才的重要软环境，家长有必要从教育自己做起

在孩子的智力定型之前，能否从周围环境中获取知识，获取什么样的知识非常重要。为了培养出色的后代，家长们还须从自己开始：

★ 提高自身的思想修养和道德品质。

★ 努力提高自己的科学文化水平，营造一个积极向上、追求上进的文化氛围。

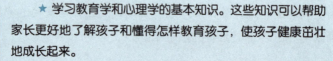

★ 学习教育学和心理学的基本知识。这些知识可以帮助家长更好地了解孩子和懂得怎样教育孩子，使孩子健康苗壮地成长起来。

郭沫若

关注行为，
让孩子更社会化一些

　　社会看上去既不是你的，也不是我的，似乎其好坏与个人都没有多少关系。但事实上，社会化行为不仅与每个人有关，而且还是衡量一个人是否优秀的标准。中国现代著名作家、诗人郭沫若为人博学严谨，热心于公众事业，而这，与他的家庭的严格要求是密不可分的。

智趣故事

　　郭沫若家风淳朴，父亲郭朝沛由于懂医术，乐于免费行医送药，因而深得乡里人的敬重。父亲还常向子女灌输"积金不如积德，善虽小，不可不为"这一基本准则。

　　郭沫若的母亲虽未读过书，但耳濡目染也识得一些字。在郭沫若很小的时候，母亲就常常教他读诗，给他讲做人的道理。

　　在郭沫若五岁那年，母亲犯了晕病。

名家简介：
　　郭沫若（1892年—1978年），中国唯物史观史学的先锋、古文字学家、考古学家、社会活动家，甲骨学"四堂"之一，第一届中央研究院院士。

郭沫若看到母亲有病，终日闷闷不乐，在床前依偎着母亲，希望母亲的病能早日痊愈。

> 假如你的将来不愿悲伤——就不要忽视你们的孩子任何一种细小的行为。
>
> ——列宁

一天，他听说有一个偏方——芭蕉花能治晕病。可是芭蕉花很难弄到；即使能买到，价钱也特别贵，因为芭蕉在四川不易开花。此后，在他幼小的心里便经常揣度着怎么能摘到一朵芭蕉花，好给母亲治病。可巧，一次郭沫若同他的二哥在路过一个叫做"天后宫"的会馆时，忽然发现了一棵正在开花的芭蕉，他顿时又惊又喜。于是在和二哥商量之后，他们便把那朵芭蕉花偷着摘了回去。

就这样兄弟俩兴高采烈地回到了家，离母亲老远就高声喊道："弄到芭蕉花了。"母亲躺在病床上有气无力地问孩子这花是从哪里弄来的？郭沫若骄傲地说："从天后宫旁摘的，没人看见。"他们满以为会得到母亲的夸奖，没想到母亲却生气地说："去把事情的原原本本告诉你们的父亲，然后到大堂上给我跪下，好好想想你们今天做的事！"

年幼的郭沫若一边委屈地想"芭蕉花又不是谁家的"，一边擦眼泪。母亲厉声地对他们说："做人要堂堂正正，不是你的东西就不许拿，因为那是大家的。你们认为这只是小事，但小事却是大事的开头，要记住古人的训诫'勿以恶小而为之'。"

历史评说

从郭沫若的家教故事可以看到，郭家非常重视子女的公德教育。他们并不懂得孩子的"社会化"教育，但是他们乐善好施，以德立业，为孩子们的品行和良好的社会化行为，树立了很好的榜样。在郭沫若小哥俩的眼里，"芭蕉花"是没有主人的，所以摘了就摘了，但他们却没想到会遭到母亲的斥责，因为母亲认为这是违反社会公德的。

应该说这是郭母以责代爱的表现。她对孩子遵守社会公德的教育，在今天看来，实则是提升孩子"社会化"意识的手段，而这恰恰也是现代家庭的薄弱环节。

什么是孩子的社会化？社会化就是孩子参加社会生活、与人交往，包括信念、价值观、行为方式，等等。孩子终究要长大，要独立走向社会，充当社会的一个角色，并参与到社会生活中去。社会化要求人们尊老爱幼、克己奉公、爱护公物、讲究公共卫生，等等。这个时候一个人的行为就不再只是其个人行为，而是一种社会行为，是要对其他人产生影响的行为。因此，社会化是人才必备的一种能力。

在公交车上经常会看到一些人面对年逾花甲的老人站在自己身旁而漠然视之；看到报纸上说某无人售票车，又从投币筒里清理出一大堆的残币、游戏币；看到一对陌生人因为小事而当众出言不逊、恶语相加。至于随地吐痰、乱扔垃圾的行为更是司空见惯。可以断言，这些社会化意识差、没有公德心的人，走到哪里都是不受欢迎的。

在现在的家庭教育中，不少父母把注意力都放在了智力和个人技能的教育培养上，而忽略了孩子与外界的接触；许多孩子只知读书，却很少与社会发生交往，严重的对他人包括同学也不理会，不忍让。要知道，具有社会化意识的人，不仅仅会说"谢谢"。撒切尔夫人教育孩子要从小养成彬彬有礼的习惯和参与社会的能力；著名女作家赛珍珠在其父母的支持下，投身于和中国下层女子共同劳动中。这样的家庭不胜枚举，他们都在子女的社会化问题上积极地教育，以帮助子女早日成材。

慧宝良方

对子女社会化教育的加强，还需我们的父母提高认识并切实地行动起来，让每个孩子早日接触社会，从小就学会对自己的社会行为负责。

孩子的社会化教育要从小抓起

人的许多习惯、认识不是一蹴而就的，而是在生活中点点滴滴逐步养成的。孩子本是一块天然的璞玉，雕琢得不好，才成了一块毫无光泽的石头。因此，为人父母者应当从孩子懂事时起，就把社会公德教育作为重要的"必修课"，让孩子从小学会尊老爱幼、助人为乐、爱护环境等社会化的道理。

发挥自身榜样的力量，以身作则

父母的举动是孩子最真实的教材，相对于他们的耳朵来说，孩子更相信自己的眼睛。所以，父母要身体力行，遵守和维护社会公德，这样才能使孩子模仿并养成好习惯。

教育孩子"小恶"不可为

我国著名戏剧表演艺术家舒绣文很重视孩子的品德。一次，舒绣文在得知自己上小学四年级的儿子兆元乘电车没买票时，非常生气，当即批评儿子："别以为5分钱是小事，长此发展下去会犯罪的！这是失人格的事。"当天晚上她就带着儿子赶到电车总站，补了票，并做了自我检讨。

宋朝苏轼提出"防微杜渐，盖有深意"。"微"是事物的开端，这是在告诫人们，在坏思想、坏作风刚刚冒出头的时候，就要对其加以制止，不使其发展。家长一旦发现孩子有不遵守社会公德和损害他人利益的行为，就要及时纠正他，而不要等到"亡羊补牢"的那一天。

加强对孩子的劳动教育

苏霍姆林斯基指出"体力劳动对于小孩来说，不仅是获得一定的技能和技巧，也不仅是进行道德教育，而且还是一个广阔无垠、惊人丰富的思想世界。这个世界激发着儿童道德的、体力的、智力的、审美的情感，如果没有这些情感，那么认识世界（包括学习）都是不可能的。"而劳动教育正是从小培养孩子自立、自强、责任感、同情心的基础教育。正因为如此，父母有必要让孩子从小做一些力所能及的事，参加学校和社会的公益劳动，为培养他们走向生活，进入社会做积极的准备工作。

徐悲鸿

循序渐进，打好前进的基础

我国著名的京剧表演艺术家荀慧生曾经说过这样一句话："没学会走先学跑是不成的，不但跑不快，跑不好，而且要摔跟斗，反倒停滞不前。" 这句话很明白地给未会走而先要跑的人打了预防针。美术大师徐悲鸿就是在其父亲的教育下，初学绘画便迈出了坚实的步伐。

智趣故事

徐悲鸿的父亲徐达章，是当地一位小有名气的画家，他淡泊宁静，不慕功名。也许是秉承了父亲的绘画天赋，徐悲鸿6岁开始跟父亲读书时，便整天缠着父亲要学画画，可徐达章却没有同意。徐悲鸿对此并不理解，他抑制不住对画画的冲动，总是跃跃欲试。

一次，父亲给徐悲鸿讲《论语》中勇士卞庄一人擒住两只猛虎的故事。徐悲鸿听后不禁浮想联翩：老虎到底是个什么样子呢？我也要把老虎画下来。于是，他便缠着要父亲教他。可父亲却说，

名家简介：

徐悲鸿（1895年—1953年），中国美术家、美术教育家。中国现代美术的奠基者。曾在世界各地举办中国美术展览和个人画展。受西画训练，最擅长画马，所画的马皆栩栩如生。

你现在学画老虎还早着呢！徐悲鸿吃了个"闭门羹"，心里很不服气，于是又找到一位会画画的成人，请他画了一只老虎，而后自己再照着样子，仔细地描了下来。父亲看了徐悲鸿的"大作"后，笑着问他画的是什么？小悲鸿自豪地回答："是老虎啊？"父亲故作惊讶地瞪大了眼睛："这是老虎？不对不对，这分明是一条狗嘛！"徐悲鸿当头挨了一瓢冷水，眼泪险些涌出来。他不懂：身为画家的父亲，为什么不让自己学画？

这时，父亲终于道出了自己的想法："画画必须亲自用眼睛去观察实物。你没有见过真的老虎，就不可能画出逼真生动的老虎来。孩子，你现在还小，应该首先发奋读书，打下扎实的文化根底。只有积累了丰富的文化知识，学习绘画才算有了根基。所以，你现在的当务之急就是读书，绘画以后再学也不迟。"

弄通了绘画与读书的关系后，徐悲鸿开始在父亲的谆谆教诲下勤奋读书。9岁时，他就已经读完了《诗》、《书》、《礼》、《易》等。父亲看时机渐渐成熟，便开始指导徐悲鸿学习临摹，还常常领着徐悲鸿去河边散步，教儿子观察大自然；同时，他一再告诫徐悲鸿：要想学好画，必须以生活为本，多多把眼光投向社会与人生。

因为家境贫寒，徐达章无力送孩子去学堂读书，但他仍然尽自己最大的努力教育徐悲鸿。由于掌握了基本知识和学习要领，徐悲鸿的文化知识与绘画技能都飞快地进步着……

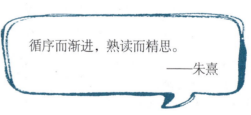

循序而渐进，熟读而精思。
——朱熹

历史评说

无论做什么事都要循序渐进，教育也是如此。徐父的方法正应了"良好的教育如时雨之化者"这句话，也就是说好的教育如同及时雨育化万物、滋润草木一样，既要合乎需要，又要促其苗壮成长。小悲鸿满腔热忱地急于画画，可这时候父亲不但没有赞扬他反倒是泼了他冷水，可谓用心良苦。正如他所说的，只有积累了丰富的文化知识，学习绘画才有了根基！于是他先教导徐悲鸿苦读诗书；继而学习临摹；同时培养其观察力，让其参与实践，为其铺就了一条稳固而扎实的艺术之路。

所谓"知下学而自然上达"，人的理解力、思维能力、判断力、创造力这些潜在能力都是按照一定的顺序、阶段和规律一步步发展起来的。学习要抓住基本知识，不能好高骛远，也不能够停滞不前。

诗人雪莱说得好："只有打下良好的基础，才能建成永远屹立的巨厦，那将光芒万丈地得到全世界人民的欣羡。"人的发展就好比盖楼，摩天大厦的平地而起需要稳固的地基，然后才是一砖一瓦地层层建造，倘若没有底下的基础，就如同搭建空中楼阁；但是如果空有好的地基，而不添砖加瓦，一样不会有雄伟的大楼。塑造孩子的成功，也要遵循这个道理，有了知识的积累，对事物的理解力和接受能力也逐步提高的时候，再进行更高层次或者特长的学习，自然就会水到渠成。

值得深思的是，许多望子成龙、望女成凤的家长们，让孩子参加绘画、书法、音乐等各种辅导班，培养他们的艺术特长，这本是无可厚非的。但是，有的父母却急于求成，从而忽视了孩子基本功的训练，尤其是文化知识的学习，而没有文化的底蕴是登不上艺术的高峰的。不知道家长在过早地将孩子送到各种各样的训练班去的时候，有没有想过，孩子能否接受得了，这样做是否可能导致"揠苗助长"的结果呢？如此盲目的教育，不知会葬送多少颇有潜智的人才！

慧宝良方

家长大多都希望自己的孩子能早日成材，但是这种急切的心理，却会使孩子不会走就先学跑，拔苗助长，纵然耗时、耗力，也难有成就。学习是细嚼慢咽的功夫，唯有循序而渐进，打好牢固的知识根基，才能有所前进和突破。

"三角形"想来大家都不陌生，在这里我们抛开它在纯数学上的含义，就人们学习的过程而言，可以勾勒出这样的结构——三角式积累。

在这种教育学习系统中，从小学到中学进行的是一种广泛全面的普及教育，即打基础；从高中二年级开始分文科与理科，于是学习的范围有所缩小，并形成了最初步的分类；进入大学后，细分为各种不同的院系专业，加深了专业的强度；读到硕士、博士研究生时，则研究学习的范围缩为一个点或一个方向，其专业水准则可达到极高点。

众所周知三角形最牢固，是"稳定图形"。正三角形的底边越长，其高度就越高；反之，则越低。由此可见，基础知识打好了，才能遵循着规律，循序渐进地向高层次迈进。任何人都不可能越过底边这一层，忽略了它，则意味着缩短了底边，其高度也就会随之而降低。所以明智的家长应该尊重这个规律。

合理地为孩子选择特长

有一则谚语讲得好，"聪明人接触所有的知识，但他是精通一门来认识世界"。在孩子有了一定的文化基础知识后，家长可以根据孩子的爱好，或者是家长的希望来培养孩子，但切记不能操之过急，而要在孩子接受的前提下，使之逐步前进。

不断地充实

也许你的孩子在某个时期某些特长已经超过了其他人，但倘若停滞不前的话，前面的积累就将付之东流，正因为"充电"的工作时刻不能停，

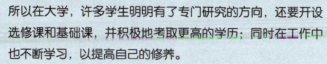

所以在大学，许多学生明明有了专门研究的方向，还要开设选修课和基础课，并积极地考取更高的学历；同时在工作中也不断学习，以提高自己的修养。

茅盾

热爱知识，
让孩子从爱书开始

　　一位教育家不止一次地告诉天下的父母："热爱读书，是你可以赠给孩子的最伟大的礼物，它比你花很多钱安排孩子上私立学校更好，比你赠送孩子一台电脑更好，甚至比哈佛大学的学位更好。热爱读书可以改变一切。"事实上许多有成就的人，都是得益于童年时代的好读书的习惯，比如说我国的文学巨匠茅盾就是如此。

智趣故事

　　茅盾虚岁5岁那年，他的父母就商量着要对儿子进行启蒙教育。他们挑选了上海澄衷学堂的《字课图识》《天文歌略》和《地理歌略》作为茅盾的主要教材，还根据《史鉴节要》用文言文编成一节一节的歌诀作为其历史读本。除此之外，母亲还喜欢给茅盾讲故事。

　　小茅盾很喜欢听故事，每当母亲讲述历史故事或中国古典小说时，他都听

名家简介：

　　茅盾（1896年—1981年），原名沈德鸿，字雁冰。中国现代作家及文学评论家。其著名的作品有代表作《子夜》《林家铺子》。

得津津有味。如果说，茅盾的文学因缘是母亲的"口头文学"的话，那么父亲藏的"闲书"，则使茅盾对文学产生了浓厚的兴趣。茅盾的父亲爱看书，并收藏了许多古书。茅盾最初看的"闲书"是家中木版的《西游记》。在当时，小说之类的书被称为"闲书"，成年人往往不准许孩子们看。一些好心的长辈还对茅盾的父亲说："老不看三国，少不看水浒，这些书还是少看为妙。"但其父亲却认为看这些书有利无害，还叫茅盾的母亲把一部石印的《后西游记》找出来给孩子看。

未被泼凉水，反而受到鼓励，于是茅盾再也不必"偷偷摸摸"，而是开始光明正大地读起"闲书"来。他经常是天一亮就翻开书，很快便读完了《三国演义》《水浒传》《聊斋志异》《儒林外史》这些古典小说名著；长约百万言的《野叟曝言》他几天就看完了。读了之后，茅盾还欢喜地复述，向同龄人讲起魏蜀吴的故事、西天取经的神话，滔滔不绝，绘声绘色，就连年长的人也经常凑过来听。

> 真正的读书使瞌睡者醒来，给未定目标者选择适当的目标。正当的书籍指人以正道，使其避免歧途。
>
> ——卡耐基

茅盾10岁那年，父亲病逝，母亲便独自担负起抚育儿子的重任。她顶着来自家庭的压力，毅然把茅盾送到湖州去念中学，既而又让他去北京大学深造，使茅盾受到了最好的教育。

历史评说

茅盾能够成为一代文化伟人，一言以贯之，这与他明达开通的家庭教育是分不开的。

大文豪高尔基说过："我觉得，当书本给我讲到闻所未闻，见所未见的人物、感情、思想和态度时，似乎每一本都在我面前打开了一扇窗户，让我看到一个不可思议的新世界。"的确，"开卷有益"，书是人类智慧的结晶，是人类进步的阶梯。知识伴随着每个人的成长，而传授知识应该从小培养，从各个方面的书，培养他的想象力。

小孩子好奇心强，求知欲旺盛，记忆力也好，他们对知识的渴求，就像是海绵吸水一样，你给的他水多，他吸收的也就多。因此家长应该注意培养孩子爱书，训练他们思考和学习的能力，陶冶他们的性情和志趣。

但有些家长不当的教育方式，可能导致孩子对读书"不再感冒"，长大了，想再引导他们读书学习，就更难了。家长们常在一起抱怨自己的孩子"整天玩游戏上网，一点也不想念书"，还有一部分家长，只允许孩子看学习上的课本，对于其他的课外读物及游戏活动则不予批准。是什么使孩子远离了书本呢？其实道理很简单，行驶在长途公路上的司机特别危险，因为一直保持高度紧张，而眼前几乎是同样的风景，人就疲惫了。读书学习也一样，需要不同方面的信息刺激，以达到自我调节的目的。

慧宝良方

引导那些不情愿读书的孩子热爱读书，可能是一个漫长的过程，但是不要对孩子失去信心。对此，美国前第一夫人芭芭拉在培养孩子读书方面，做了精心的策划，苦恼的家长不妨借鉴一下。

培养孩子读书的兴趣，越早开始效果越好

有些父母认为，幼儿的理解能力低，给他们念书似乎很浪费时间。其实，当他们瞪着眼睛听你念书的时候，他们的语言和理解能力也正在悄悄地发展。所以，父母有必要从孩子很小的时候起，就为其大声朗读，使他们养成爱读书的习惯。

读书要遍及整个家庭

尽管成年人可能会把读书视为一项个人活动，但孩子们却希望加入进来。小孩子们不仅喜欢听人家给他们读书，而且喜欢和父母一块儿读书，以便随时听到指导与讲解。所以，家长最好尽量腾出点时间，营造一个家庭读书的氛围，这对孩子爱上读书是非常有利的。

让图书随时可以读到

研究表明，在充满书籍的环境中生长，儿童的读书兴趣和阅读能力会提前发展。父母可以利用不同的场合、物品来教导孩子，比如报纸、杂志，甚至是包装纸上的文字说明等，处处都可以让孩子得到学习。

帮助孩子选择好书

教育家认为，儿童需要那些与他们的年龄、兴趣及能力相适宜的图书，他们也喜欢图书题材丰富多彩。父母应该注意随着孩子的年龄，为他们挑选书目，同时要引导他们"以外养内"、"以博养专"。

让读书结合实际，生动有趣

芭芭拉在读书的时候，常常设问，让孩子想故事的结局是怎样的。一次在给孩子们读大象的故事时，她突然问："大象吃什么呀？"后来孩子们也学着她的做法不时地提出问题。这时，孩子们的想象力便像张开了翅膀，读书活动也变得更生动、更有趣了。

这种积极的边读边问，或者留下"尾巴"，让孩子想结局的做法，对提高孩子的读书兴趣非常有益。

在孩子能独立阅读以后，仍然坚持同他们一起读书

很多专家建议，在孩子12岁以前，同他一起读书，会比他自己读书收益更大。另外，父母还可以主动为他们提供一些有益的书籍。尽管孩子长大了，仍然要保持着父母与其共同读书的习惯，以便进行讨论。总之，从小培养孩子读书的浓厚兴趣，会使他们终生受益。

冰心

幸福家庭是培育孩子成长的温床

幸福的家庭是相似的，有爱的家庭才有阳光。一个从小生活在融洽和睦家庭中的孩子，也会成为一个充满爱心、充满自信的人。作家冰心就是在这样的家庭中成长起来的。我们读过她的《寄小读者》、《繁星》等，这些作品里无不流淌着温暖人心的爱。

智趣故事

冰心的父亲谢葆璋毕业于天津紫林水师学堂，当时已经是福州"海圻舰"的副舰长了。她的母亲杨福慈，是一位性情温柔的女性，是当时不可多见的有文化的贤妻良母。

冰心有三个弟弟，但她并没有因为是个女孩而受到冷落，相反，由于她是家里唯一的女儿，而成了父母的掌上明珠。在她的记忆里，父母感情极好，他们几乎没有吵过架，总是和和气气的，从不

名家简介：

冰心（1900年—1999年），中国作家，原名谢婉莹。她是一位深受共产主义思潮，以"爱的哲学的思想"贯穿写作的作家。晚年被尊称为"文坛祖母"。

强迫孩子们做自己不喜欢的事情。他们的小家庭也总是充满着温暖和谐的气氛。

因为父亲常年在外，所以每次回来对孩子们更是怜惜，一回来就同妻子领着孩子们玩。早上帮助妻子给冰心梳小辫；他拿着照相匣子，哄着女儿，嘴里柔声柔气地说："站好了，站好了，要照相了！"一边说，一边摆出照相的架势来。

有一年谢葆璋回家后，大家庭里的伯母、叔母们都催促他给冰心扎耳朵眼。谢葆璋一方面觉得没有什么必要，另一方面又心疼孩子年纪小，于是他就问冰心说："你想扎耳朵眼吗？"小冰心摇摇头说："一点也不想，还要穿出小洞来。"父亲就借口推脱："你们看她左耳垂儿后面有一颗聪明痣，把这颗痣扎穿了，孩子就笨了。"

冰心与母亲的关系也非常好，母女俩常常紧紧依偎在一起，小女孩有什么成长的心事，都会悄悄告诉母亲，母亲也会给冰心讲关于她自己的故事，并给她念书，辅导她功课，教育她疼爱自己的弟弟和其他的伙伴。当她远离家人到美国留学的时候，她的弟弟们常常寄去长长的书信，告诉她：从松树间隙穿过的阳光，就是你弟弟问安的使者；晚上清凉的风，就是骨肉手足的慰语！

历史评说

冰心是在爱的氛围中成长起来的。家庭的和谐温馨，使这个聪颖过人的小姑娘，形成了善良的心地与温和的性格，她的文学作品也往往带给人们一种如沐春风的感受。

冰心的父母总是和和气气，对孩子们讲话的态度也总是柔声细语，而且每一个家庭成员都互相关爱。冰心的父母对孩子极富耐心，陪同孩子一起玩，一起读书、谈心；作为父亲也能够为孩子梳理小辫子，体现了父母的疼爱。另外从给冰心扎耳朵眼的小事上也可以看出，他们没有遵从大家庭的习惯，而是征求冰心的意见。这种父母对幼小孩子的尊重，对冰心乐观豁达、积极向上性格的形成非常重要。

> 和睦的家庭空气是世上的一种花朵，没有东西比它更温柔，没有东西比它更优美，没有东西比它更适宜于把一家人的天性培养得坚强、正直。
>
> ——德莱塞

一个人的一生总是离不开家庭的。年幼不懂事的时候需要家庭来照顾；上学了需要家庭的引导、支持和帮助；工作了家庭就是大后方。有一个温暖稳固的家庭，人才会心里踏实。

对于任何一个人来说，无论在性格上、情感上，还是知识面上都会受到家庭的影响。做一个有爱心而又明智的家长，应该从根本上关爱孩子；不光是关心孩子的身体，还要关注他们的心灵，尊重他们的想法，因为温暖和谐的家庭氛围有利于孩子人格的发展和积极向上的进取心的增长。

而生活在无爱的家庭里的孩子，就像是生长在瓶子里的花朵，虽然还有香有色，但却没有根也没有了生命力。现在青少年犯罪日趋严重，"问题少年"一再成为人们的热门话题，追究起他们的生活环境，有50%以上的"问题少年"其"问题"皆出在家庭！

随着离婚率逐年攀升，"城门失火殃及池鱼"，其中受伤害最重的就是孩子！孩子失去了"家"的温暖，有的变得性情暴虐、孤独自卑；有的变得愤世嫉俗、玩世不恭。在这种条件下长大的孩子，即便不会走向歧路，也会因此而冷漠、偏执、内向等，他们还将把这种不健全的性格带到以后的工作和生活中去。

慧宝良方

为了不使最亲的人成为伤害孩子最深的人，我想每个家庭都有责任，也有必要为孩子营造一个和谐幸福的氛围。

家长的感情影响家庭的主旋律

著名作家托尔斯泰说："夫妻间的和睦是成功地教育儿童的首要条件。"有的家庭夫妻不和、互相指责、经常吵架打架，十分有害于儿童的身心健康。试问，一对整天争吵、互相侮辱的夫妻，怎么能够营造出一个和谐愉快的氛围？

有一个少年犯曾这样说："我的童年是在父母的吵架、打架声中瑟瑟发抖的日子里度过的。"另一个离家出走的孩子被找到后，居然拒绝回家，原因是"爸妈整天打架，不管我，还不如在外边好呢！"因此，父母要尽量创造一个稳定、融洽的家庭环境，以免给孩子造成不必要的伤害。

家长与孩子互相倾诉、倾听

也许是生活节奏太快了，多数父母都不得不整天忙于工作和事业，孩子也埋头于各种作业之中，回家后的短暂相聚很快便被疲惫所填满。

作为家长，可以和孩子相互讲讲工作上、学校中的事情。当然，孩子不能够帮助大人解决什么难题，但是这种诉说对于拉近与子女的关系却十分奏效；而孩子的倾诉也不一定是非要有什么困难想要求救，只是学校里、生活上的小事，就能换得家庭温暖的氛围。

给家庭成员来点"兴奋剂"

中国人的性格中有很多过于内向、木讷、不苟言笑的品质，在家里说话更少，比较冷漠。但是要知道，充满幽默感的父母会把快乐感染给孩子，感染给整个家庭；而充满欢乐的家庭，则很容易培养出孩子良好的性格和情绪。

重视家庭生活，营造温暖而和谐的气氛

一般来说，这样的家庭在世上并不少见，也很容易做到。只要为人父母者有对家庭和子女的责任心，便会非常重视家庭生活。

童第周

成材之路，从"问题"开始

"天有多高？地有多深？海洋有多广？"世界永远是新奇、多变的。每一个孩子都是在问题中度过的，当他们得到了满意的解释后，又会进行下一轮的提问。我国著名的生物学家童第周，他所领导的研究工作居于国内外同类研究的先进行列，能取得这样的创造性的成果，便是源于他从小养成的强烈的求知欲。

智趣故事

1902 年，童第周出生在浙江省宁波市。童第周的父亲有开明的思想和教育理念，他不仅重视自己的学习，更重视对儿女们进行诗书教化、知识的启蒙，而且还创建了小山村的第一所私塾学校，教化村民，造福后代。童第周受到其父亲的耳濡目染，爱学习、追求知识的种子早早地就在他的心里生根发芽了。

童第周小时候的好奇心十分强，看到不懂的问题往往要向父亲刨根问底，

名家简介：

童第周（1902年—1979年），著名胚胎学家，获比利时比京大学（今法语布鲁塞尔自由大学）动物学博士学位。他是首位成功复制鱼的科学家，因而在克隆技术上闻名。

而父亲也是每次都不厌其烦地耐心给他讲解。

一天，小童第周看到屋檐下的石阶上整整齐齐地排列着一行小坑坑，他觉得十分奇怪，便去问父亲："父亲，那屋檐下石板上的小坑是谁敲出来的？是做什么用的呀？"父亲看到儿子这么好奇，便高兴地说："这不是人凿的，而是檐头水滴下来敲的。"小童第周更奇怪了，又问："水还能把坚硬的石头给敲出坑来吗？"父亲耐心地解释说："一滴水当然敲不出坑，但是天长日久，点点滴滴不断地敲，那就不但能敲出坑，还能敲出一个洞呢！古人不是常说'滴水穿石'嘛！说的就是这个道理。"童第周又问"那为什么天长日久就能敲出一个洞呢？""为什么……"一个石头上的小坑引起了他的无限思索。父亲说："这里面还有更深奥的问题，等你长大些学了更多的知识后就会知道了。但是现在你要懂得，这小小的檐水只要常年坚持不懈，就能把坚硬的石头敲穿；而一个人的恒心就像那檐水，学知识也要靠一点一滴的积累，只有坚持不懈才能获得成功。"父亲的一席话，在小童第周的心里激起了一阵阵涟漪，他坐在屋檐下的石阶上，望着父亲，似懂非懂地点了点头。

童第周慢慢长大了。他在学习上依然保持着旺盛的求知欲，对于每个不懂的问题，他都要想上好几遍"为什么"，实在想不通了，就找同学或老师问个明白，最后成为班级上的佼佼者。1924年7月，童第周在其哥哥的支持下，考入了复旦大学。从此，他便开始了追求科学，献身事业的漫漫求索之路。

历史评说

作为卓越的实验胚胎学家，我国实验胚胎学的主要创始人童第周，在从事发育生物学的研究方面，仍然对未知领域有着狂热的求知欲，这与他小时候养成的习惯是密不可分的。

小孩子总有些千奇百怪的问题，童第周小时候更是有层出不穷的"为什么"。对于他的那么多问题，父亲知道这是孩子本能的好奇心，于是父亲总是极富耐心地认真对待，帮助他解决问题，并激发童第周对科学知识的探索；同时，这种好奇心也因为得到了保护和重视，又形成了一个良好的习惯，从而成为童第周取得巨大成功的敲门砖。

美国著名教育家库尔特·冯尼古特说过："对于求知欲旺盛的孩子来说，最大的快乐莫过于知道了从来不知道的奥秘。揭开奥秘后所体验的愉快和满足的情感，反过来又激起新的探索兴趣。"学习便是这样一个经常怀疑、随时发问的过程。怀疑是智慧的大门，知道得越多，就越会产生怀疑，问题也就会随之增加。所以发问和答案一样，会使人进步。

> 家长要善于细心地观察孩子，从孩子的一举一动和只言片语中去发现孩子的求知欲。
>
> ——布鲁尔·卡特

因此家长应该尊重和爱护孩子的求知欲和好奇心，仔细对待他们的每一个疑问。可以说，一旦孩子拥有了这样强烈的好奇心，并不断地在提出问题，解决问题中成长，那么，他实际上就是走上了成材的路。

记得有这样一个相声段子，儿子不停地问"为什么人的鼻孔是朝下长的，不是朝上长的？""为什么比目鱼的眼睛长在一边？""为什么……"最后爸爸被问烦了，就给了儿子一巴掌，孩子哭着说："我再也不问了！"这虽说是段相声，却反映了生活中的许多问题。有许多家长，被孩子的各种问题和奇怪举动纠缠得很"烦"，便会不自觉地对他们基于求知欲而萌发的"傻话"不屑一顾，并搪塞道："等你长大了就知道了！"或者是"小孩子怎么那么多事！"而对于一些孩子拆东西的"破坏"行为，家长就更加严厉了，甚至要打骂一通。这样做，不仅"封"上了孩子的嘴巴，"捆"住了孩子的手脚，连其探索知识的精神也将被束缚住。

慧宝良方

那么，针对孩子"奇奇怪怪"的想法，怎样做才能保护孩子的求知欲和好奇心呢？

换位思考，保持孩子好奇心的诀窍是大人要有童心

成人对孩子的好奇心不能理解，是因为孩子问的问题，成人早就都知道了，因而站在成人的角度，就会觉得没什么可问的。年龄的差距，立场的不同，使得父母反倒成了最不了解孩子的人。

因此首先要解决的问题是尊重孩子的好奇心，允许他提问。在与孩子的共同生活中，不断提高自己的"童智"。你的"童智"是引导孩子走向更广阔世界的"神灯"！那么不妨"蹲"下来，与孩子共同体验这一份成长。

给孩子的提问以满意的回答

对于孩子的"刁钻"问题，家长不要敷衍，而是要尽可能详尽地解释清楚，如果他还不懂，就带孩子一起去找答案。

如果孩子问了超出他的年龄应知道的事，那应该怎么办呢？对此家长也不要因此而责备他。因为孩子并不知道什么该问，什么不该问。你不妨直接告诉他：我把这个问题记下来了，到了你16岁的时候，我就会回答你的问题。对这个问题，也许以后用不着父母回答，他自己慢慢也明白了，但是这种做法，能让孩子感到他的提问确实是受到了尊重和鼓励。

允许孩子自由探索

家长应该对孩子"不规矩"的破坏行为采取宽容的态度，比如孩子拆开了你新买的随身听，那是因为他想知道谁在里面唱歌；家长应该鼓励他再重新把随身听装上，而不是大声斥责他"以后不要乱动东西了"，这样做对孩子的好奇心是致命的打击。合适的做法应该是"破坏"后鼓励他的"复原"行为。

钱钟书

给孩子一个宽松的成长环境

教育应该是顺其自然还是刻意雕琢，这个问题一直困惑着中国的父母。四位诺贝尔奖得主齐聚北京的回答是：孩子不是靠父母施压能成材的。毫无疑问，那些在自由和宽松的条件中成长的孩子，成长后也将散发出独立、向上的性格和独具特色的魅力。钱钟书是中国文化界的大师，一座"文化昆仑"，他像谜一般吸引着我们去探索他的成功秘诀。

智趣故事

钱钟书 1910 年出生于江苏的一个书香门第。钱钟书出生时，他的伯父还没有孩子，于是其祖父便按照封建家族的传统，做主把钱钟书"出嗣"给了其大伯父钱基成。

钱基成领养了钱钟书后，将他视为掌上明珠，对其十分疼爱。钱钟书非常调皮，什么事什么人都能让他兴奋，总是惹事生非，是家中公认的最淘气的一个孩子；而且，大伯父不想让他过早地读书受苦，于是就整天带着他四处玩，

名家简介：
钱钟书（1910年—1998年），字哲良，号槐聚，中国近现代著名作家、文学研究家。其代表作是长篇小说《围城》。

进茶馆、听说书、看小说，等等，这就更使他显得"无法无天"。

伯父每次带钱钟书上街玩，都会给他买个大酥饼。可钱钟书更喜欢看小说，在读完家中的古典名著后，他还不满足，看到书摊上有小说，就赖着不肯走。于是，伯父不得不再花两个铜板，租小说给他看。钱钟书吃完酥饼就钻进书堆，他一读起书来，就把调皮捣乱都给忘了；而且一回到家，他总要把书中的内容讲给弟弟听，讲起来绘声绘色、滔滔不绝，有时甚至手舞足蹈；他还对书中的内容进行联想、比较，发掘出更深刻的东西来。

当别人家的孩子已读书时，钱钟书还在跟着伯父四处游逛，父亲看在眼里，急在心上，便委婉地向哥哥建议送他上学，这时钱钟书才开始接受正规的学校教育。但因为钱钟书幼时个性自由，不爱学习，常晚睡晚起，贪吃贪玩，这令其父亲十分气愤，只好趁哥哥不注意时把他叫出去督促其学习，有时还狠狠地罚他，这就使一贯自大的钱钟书不敢再为所欲为了。

但正是之前宽松的学习、生活环境，使得钱钟书深切体会人世百态，在之后的创作中能够视角独特，终成一代大家。

历史评说

在钱钟书的性情中，表现最突出的就是那种自由开放的个性，敢作敢当，充满创新意识和独创魅力。而这种个性也是在宽松自由的环境下形成的。钱钟书天性调皮，加上伯父的疼爱和家里宽松的条件，使他养成了个性强、狂妄不羁的性格。他对任何人、任何事都敢批评、嘲弄。他的这种性格常常不被传统的中国家庭所接受，但这却在客观上对钱钟书的成长起了很大的作用。

试想，如果没有一个宽松开放的家庭环境，就可能没有一位个性张扬、敢作敢当的钱钟书。

毫无疑问，每个家长都希望自己的孩子能有一颗聪明、灵活，

反应敏捷的头脑。只有这样，孩子才能不断地适应新的东西，取得新的成绩，不断地获得发展。可由于孩子们喜欢利用自己有限

> 当然有时这会惹很多麻烦，但我父亲坚持让我们自己思考。家里，我是很自由的。
>
> ——罗伯特·拉夫林

的"资源"，出怪声、发脾气、耍小聪明等方式来争取达到自己的目的，因此，大多数家庭便嫌他们太"闹"了，所以更偏爱于塑造一个整天埋头苦读，一切听大人嘱咐，按大人意图办事，特别听话的"标准孩子"。

有个成绩一直很好的孩子，经常拿个第一、第二。在爸妈的强烈要求下，她除了吃饭、睡觉，就是学习，从来不玩，不看电视，也不做任何家务。当时父母得意得很，到处夸自己的女儿听话、好学。可是上了高中后，那个孩子的成绩却渐渐下降。她越来越刻苦和努力，人也变得越来越内向、抑郁。最终，高考还是落榜了。

事实上，如果一味苦学，一切按大人的指导办事，这对知识水平的提高和个人能力的形成不一定都是好事。因为，只知道苦思冥想、一味钻研，反而会使孩子变得死板、僵硬、片面。这样的孩子一旦失去了大人的指点，就会茫然不知所措，从而导致他在现实生活中做事情毫无主见，这对学习、生活都是没有好处的，这样的孩子以后更容易发展成为"问题少年"。

慧宝良方

当然，维护孩子自由的个性，发展他们的兴趣，并不意味着使他们成为脱缰的野马，任意驰骋，父母还应当使他们保持正确的方向，以免其误入歧途。

对孩子的行为宽容一点

一位心理学博士告诉家长，应该让孩子有一定的独立性、自主性。只要孩子遵守日常生活规律，讲卫生、有礼貌、不自私、不说谎，其他问题则不必多加干涉。这样做有助于培养天真活泼、聪明伶俐、身心健康的好孩子。

著名作家马克·吐温曾经充满深情地回忆道："我给妈妈惹了许多麻烦，不过我觉得她也常常乐在其中。" 可见善于教育的家长，允许孩子一定的"不听话"，这有助于孩子形成活跃的思维方式、广泛的兴趣和有主见、有活力的性格。

给孩子思想自由，营造一个宽松的家庭氛围

很多家长都希望自己的孩子能自觉地学习，甚至用强制的手段逼他们学习。天长日久，即使是一位天才，也会因为整日受到家长的责骂、作业的重压，而最终变成一个书呆子或平庸的人。

另外，还应多给孩子一些思想上的自由，虽然关注着孩子的活动，但不过多干涉他们的兴趣、思维和隐私，使他们能在一定的空间内自由发展，养成一种自由开放的个性。

实行"六大解放"

让孩子有一定的自由度。正如陶行知先生所说的，教育孩子要有"六大解放"：一要解放大脑，使他能想；二要解放手脚，使他能动；三要解放眼睛，使他能看；四要解放嘴，使他能说；五要解放空间，使他能在自然和社会中取得丰富的学问；六要解放时间，不要用功课表把时间填满，要给他们一些时间，做一点他自己爱做的。

把握大方向，"放手"不"放任"

放任意味着不与孩子在一起，也不关心孩子的思想和行为。如果这样，那就的确是一种不负责任的态度，会使孩子陷入不安的状态，甚至容易使其在成长的道路中成为迷途的羔羊。

因此，家长在放手给孩子自由的时候，还要牢牢握住手里无形的绳子，为子女随时校正方向，保证他们的健康发展。

钱三强

培养孩子的自强精神

　　自强不息的精神一向是中华民族的优良传统美德。在我国著名科学家钱三强的一生中，经历的挫折和困难不胜枚举，然而他却为我国研制原子弹和氢弹，起了不可忽视的作用，这些与他个人自强不息的精神是密不可分的。

智趣故事

　　钱三强的父亲钱玄同是我国近代著名的语言学家，"五四"新文化运动的风云人物。为了让钱三强从小体验"改造社会"的艰辛，钱玄同带着6岁的钱三强一起参加了"五四"运动中的游行。父亲的言传身教在钱三强幼小的心灵中，播下了反帝反封建的思想种子。

　　当钱三强萌发了研究科学的兴趣后，钱玄同就积极地给予他支持和鼓励。钱三强上中学后，有一次读了孙中山先生著的《建国方略》，读完后自言自语道："对，要使中国摆脱屈辱，走向富强，非建立强大的工业、非学科学不可。"

名家简介：

　　钱三强（1913年—1992年），原名钱秉穹，原子核物理学家，中国原子能事业的主要奠基人和组织领导者之一。在法国巴黎大学获博士学位。回国后对中国原子能事业、"两弹一星"计划作出了巨大贡献。

在钱三强中学毕业前夕，有人对钱玄同建议说："你是搞语言文字的专家，名气又大，应当叫钱三强接你的班。"钱玄同笑道："那要看孩子的态度和兴趣了！"一天，钱玄同对儿子说："你将来学什么，我不包办，一个人应该有科学的头脑，用自己的理智去分析。"父亲的话，坚定了钱三强心中早已立下的志向。他很认真地说："爸爸，我要学工！"钱玄同很理解和支持儿子的想法，并鼓励他报考北大理科预备班。

不久，钱三强如愿进入北大预科班学习。不料，他首先碰上了语言难关，因为钱三强在中学学的是法文，

> 人，只要有一种信念，有所追求，什么艰苦都能忍受，什么环境也都能适应。
>
> ——丁玲

而北大使用的却是英文。父亲怕儿子泄气，便鼓励他说："目标既然已经确定了，就应当用艰苦的劳动去实现理想，克服困难要有一股牛劲！"在父亲的鼓励下，钱三强经过不懈的努力，终于闯过了英文关。

1937年，在公费留学生的选拔考试中，钱三强不负父望，金榜题名。他来到巴黎大学镭学研究所居里实验室，其指导教师是镭的发现者居里夫人的女儿和女婿。钱玄同高兴地写信给钱三强说："你有了很好的指导老师，更要努力攀登科学高峰，振兴中华！"

钱三强没有辜负父亲的期望。他学成回国后，成为世界著名的核物理学家，为我国科学事业的发展作出了卓越的贡献。

历史评说

可以说，钱三强成长为一名出色的科学家的过程，就是其父亲精心培养的过程，也是他养成自强不息的奋斗精神的过程。

钱玄同带着6岁的儿子参加"五四"运动的游行，让儿子从小

体验"改造社会"的艰辛；教育儿子从小热爱科学，树立科学救国的远大理想和抱负；尊重儿子的选择，支持他从事自己喜欢的专业；鼓励并帮助儿子克服语言困难；鼓励儿子出国深造，并叮嘱他一定要努力学习，为振兴中华而贡献自己的力量。这一切都有助于钱三强形成使命感、责任感、自强精神，确定前进的目标，并为实现理想而不懈努力。

我们的祖先历来强调，凡是有志气、有道德、有本领的人，必定是自强不息的人。只有拥有"不须扬鞭自奋蹄"的自强精神，才能对自己所选定的事业和研究一腔热忱地从事下去，不畏艰难困苦；只有拥有矢志不渝、刻苦勤奋的品质，才能在变换纷纭的社会中，保持自己的志向。我们从无数名人成长的经历中，都可以看到他们无不是怀有自强拼搏的精神，才成就了今天的辉煌。

事实上，"自强不息"并不是陌生的词汇，尤其对于那些见证了中国从贫穷到繁荣变迁的几代人来说，他们一直都在以顽强拼搏的精神求生存、求发展。但是对于今天的孩子来说，这个"词"听起来还是那么遥远，似乎没有什么实际内容。

我们可以听到：有的家长抱怨孩子依赖性太强，什么事情都依赖父母；有的家长抱怨孩子没志气，缺乏上进心，整天懒洋洋的；有的家长抱怨孩子经不起一点挫折，知难而退；有的家长抱怨孩子玩心太重，一坐下来读书就无精打采，甚至厌学、逃学。

孩子的这些状态并不是天生的，究其因由，不得不说其中相当一部分是我们的家庭教育和学校教育造成的。家长可以审视一下自己：是否总是对孩子做事的行为持怀疑态度？是否包办、代替太多？是否责备和批评太多，肯定赏识的太少？孩子自主性被严重束缚，自信心越来越弱。没有了自信，谈何自强。

慧宝良方

时代赋予了自强不息新的内容和意义，那么我们的家长应该如何培养孩子的这种精神呢？

帮助孩子树立奋斗目标

没有目标就没有动力。每个孩子的情况不同，树立的目标当然也不同，为孩子制定的"标杆"不能太高，要让孩子"跳一跳，够得着"。如果定得太高，总也达不到，孩子就会失去信心。当然也不能一下子贪多，多了就不能全部实现，也难以建立自信。孩子每达到一个小的目标时，父母应及时给予其肯定，这样孩子就会增加一分自信，增加一点自强精神。

帮助孩子克服困难，变责备为激励

当帮助孩子定下了具体奋斗目标后，还必须有达到目标的具体措施。成功由小到大，在于点滴积累。在追求成功的过程中，遇到困难最需要支持、鼓励和具体帮助，这是培养自强精神的关键。

缺乏自强精神的孩子，越责备就会越没信心，严重的更会自暴自弃。家长应该变寻找孩子的缺点为寻找孩子的优点，从责备变为激励。"别泄气，失败是成功之母"，一句安慰可以帮助孩子轻松地拾回自信。

取消包办代替，多给孩子自主机会

不管是在生活中，还是在学习上，家长都不要越俎代庖。有的家长认为在生活方面多替孩子服务，让孩子把时间尽量用在学习上会有好处。其实生活上的依赖会严重干扰、阻碍学习上自强精神的形成。

家长应该坚持这样的原则，"你能做的，我绝不替你做；你不会做的，我教你做；你让我做的，我要考虑该不该做"。如果家长包办代替，孩子就会养成依赖性，而依赖是自强的大敌。

教育正确对待挫折是培养自强精神的重要手段

孩子的成长，必须经过各种考验，家长应教育孩子在遇到挫折时，不灰心，不丧气，总结教训，振奋精神，继续前进。让孩子从小懂得"岁寒，然后知松柏之后凋"，从而树立大无畏的精神和勇气。

杨振宁

正确对待孩子的早慧

　　家长是孩子的第一任启蒙老师，责任重大，毋庸置疑。但是能够保持清醒冷静的头脑对待孩子的早期教育和孩子的早慧，就不是一件容易的事情了。著名的物理学家、诺贝尔奖获得者杨振宁的成功就印证了其父亲明智的教育方式。

智趣故事

　　杨振宁出生在安徽合肥，5岁时就认得三千个汉字，可以说也是一个早慧儿童。其父亲杨武之早年留学美国，获得博士学位回国后，他问儿子："念书了没有？"儿子爽快地回答到："念过了。"父亲又问："念的是什么书？""《龙文鞭影》。"父亲笑了，说："背给我听听。"杨振宁便流利地背了起来。不料，父亲又"抽样"地提问书上的一些段落的含义。杨振宁懵住了，好半天也没解释出来，他心想这下父亲一定会责备自己。可是杨武之却摸摸儿子的头说："老师没有讲，你又没有生活经验，当然不会懂。"他还

名家简介：
　　杨振宁（1922年—），美籍华人物理学家，与李政道共同获得了1957年诺贝尔物理学奖。李政道和杨振宁是最早的两位获诺贝尔奖的华裔美国人。

对妻子说："儿子还太小了，这么枯燥生涩的文章，讲了也很难理解，应该让他学点这个年龄好理解的。"

杨武之不喜欢填鸭式的教学，也反对让孩子整天在房间里死记硬背。他用大球和小球生动地讲解太阳、地球和月亮的公转，用字母歌教授英文Ａ、Ｂ、Ｃ、Ｄ……每次看到儿子因为遇到难题而着急的样子，他都会笑着说："慢慢来，不要着急，你做得已经很好了。"

他鼓励儿子同小伙伴在校园里玩耍，还经常带着儿子去树林、农田与河塘游玩。广博的知识开阔了杨振宁的视野，大大增加了他的求知欲。杨武之始终认为给孩子轻松愉快的童年，才是最重要的，这个时光过去了，便没有机会再得到。

9岁左右，杨振宁的数学天赋渐渐显现出来。这时有朋友劝身为数学教授的杨武之应尽早让儿子学习几何、微积分等，但杨武之却对此态度淡然。他认为孩子的理解力有限，过早地强迫孩子接受可能会适得其反。杨振宁16岁准备报考大学时，杨武之才不慌不忙地介绍儿子接触近代数学。但是在报考前夕，杨振宁发现物理更适合自己的口味，这一切，杨武之夫妇丝毫未加干涉，于是杨振宁便矢志不移地攻读物理学科，并获取了物理学的诺贝尔奖。

历史评说

杨振宁可以说是神童了，他5岁时便识字三千多，能流利地背诵《龙文鞭影》，9岁便表现出数学天分。对此，他的父亲杨武之表现得十分冷静。他重视孩子的启蒙教育，从不给儿子施加压力；同时选择性地进行各方面的知识和情感的培养，调动孩子主动学习的积极性，尊重他的兴趣爱好并对其加以辅导。拥有这样明智的家长也算得上是非常幸运了。

可是，许多神童就不那么幸运了。曾经在美国家喻户晓的神童塞达斯，从出生那天起，他的父亲就为他精心准备了一个方案。于

是塞达斯从小就被几何、地理和多种外语所包围，整个幼儿时期成了他独自苦读的过程。他11岁时就被哈佛

> 过度的希望，自然而然地产生了极度的失望。
>
> ——博尔赫斯

大学破格录取，但是过度的压力却使他的神经系统开始失常。然而，由于其父求成心切，竟然继续给他加压。最后，这位14岁的天才竟被作为精神病患者送进了医院，并从此一蹶不振。

塞达斯可以说是世界上最著名的落马神童了。应该说这并不是早期教育的悲剧，而是社会对神童教育陌生而造成的悲剧。造成这种悲剧的原因，有来自父亲的教育压力，也有过分宣传给他带来的巨大压力，除此之外，还有他个人社会性能力的薄弱。

对于早慧儿童进行提高教育是可行的，而且是有必要的。但可能是"少年大学生"的诱惑以及与此相关事件的推波助澜，误导了家长和社会，使这种不谙世故、脱离社会现实的倾向在神童中越发突出，这就得不偿失了。

许多"家有儿童初长成"的父母，整天盲目地教两三岁的孩子识字和写字，机械地背诵不合年龄的概念和原理，或者强行让孩子与某种特长学习牵上手。这种早期教育，倒不如说更像是一场家长之间的竞赛。谁家的孩子学奥数了，谁家的孩子学围棋了，自己看了顿时心里发慌，生怕一个没留神，就落到人家后面了。但是不理会孩子的兴趣、能力和情感，一味地强化提高，这样下去即使孩子在初期超过别人，然而当大家都起步后，孩子的优势也就没了。

慧宝良方

专家认为，现在儿童的智商都较高，关键是环境和心理

因素。家庭应该创造宽松的环境,避免再出现塞达斯那样的"落马神童"。

对待早慧儿童的教育,仍然应该是培养"人"在先。培养孩子的思维能力,让孩子多接触志同道合的朋友,养成良好的习惯和良好的人品、性格,最后才是"才"。

让孩子把自己的特点和兴趣展示出来

即便是智力非常突出的孩子,仍然应该以研究他的特点和兴趣为主,而不是生硬地把他关在家里灌输,练习"生吞之功",更不应该为他们造成性格上的缺陷。

关注孩子的个性培养和心理健康

超常儿童可能会表现出"完美主义"倾向,容易与人发生冲突,有些还会表现出抑郁、疏离、固执、自以为是等极端的特点。为此另一位神童穆勒也这样反思道:"他们认为我自满过分令人讨厌,大概是因为我好辩论,听到不同的意见,便毫无顾虑地直接进行反驳……父亲未曾纠正我的无理与傲慢。"

所以,家长培养、帮助孩子保持健康的心理极其重要;同时,家长要了解自己孩子的特点,注意沟通和倾听,尊重孩子的兴趣、爱好,让孩子学得轻松、玩得快乐。

不要把孩子当做"神童"来培养

过早的成名,使孩子成为众人所关注的目标,毫无疑问会给孩子的成长带来许多不必要的影响。对任何孩子,哪怕是智力超常的儿童,也应将其当做平常儿童来看待,而不能刻意地把孩子当做"神童"来培养。

最后,还要让孩子们尽早懂得,只有当我们知道怎样对付玫瑰上的刺时,生活的花园才会开满玫瑰。因此,作为父母应该使孩子认识到,只有通过勤奋的努力,抵抗挫折,才能收获希望。

李嘉诚

学会抵抗挫折才能走向成功

　　没有人可以一帆风顺地走过一生，鲜花和掌声的背后，其实都有一连串不为人知的故事。李嘉诚，人称"李超人"，在十多亿海内外炎黄子孙中，他可以说是一个家喻户晓的人物，美国媒体称他为"天之骄子"，而在他成功的背后，却写满了艰辛。

智趣故事

　　李嘉诚出生于广东一个书香世家。他的父亲李云经十分疼爱他，并把满腔的爱心都倾注在了儿子的身上，决心把李嘉诚培养成一个自信和有主见的人。

　　李嘉诚从上学那天起，就树立了这样一个信念：决不辜负父母对自己的殷切期望，好好学习，将来出人头地。令李嘉诚感动的是，父亲经常陪他在灯下读书，以便随时回答他层出不穷的问题。

　　1940年，是李嘉诚生命中的第一次转折，也是他经历人间苦难的开始。当时其父亲带全家人辗转来到香港，在亲友的

名家简介：

　　李嘉诚（1928年—）是香港国际企业家，广东潮州人。创立了香港最大的企业集团——长江集团，该集团跨足房地产、能源、网络、电信、媒体等各个行业。李嘉诚是现在香港、大中华地区及亚洲的首富，人称"李超人"。

帮助下，李嘉诚进入香港的中学继续学习。尽管当时面临着学习上的种种困难和精神的困惑，他仍没有失去信心，而是更加发奋地学习。

然而，天有不测风云。父亲不幸染上了肺病，身为长子的李嘉诚一边照顾父亲，一边拼命学习，他想用优异的成绩使病中的父亲得到安慰。可父亲视儿子的学业比自己的生命还重要，他多次嘱咐儿子在学业上千万不可松懈，更不要因为自己的病而影响了学习。

为了不使儿子失学，父亲将自己的药钱省下来，供儿子读书；李嘉诚每次去医院给父亲送饭，父亲不是抱怨饭菜太多太好，就是将饭盒中唯一的一点好菜夹到儿子的嘴里。

由于要给父亲治病，使得李嘉诚一家的生活更为清贫了。两顿稀粥，再加上母亲去集贸市场捡来的菜叶便是一天的美食。如此清贫的生活，使李嘉诚养成了崇尚简朴、反对奢靡的良好品质。

父亲的病越来越重，临终前他艰难地喘息着，用尽全身力气抓住李嘉诚的手说："阿诚，阿爸对不住你……你要有志气，好好做人！"直到离去，父亲还在为自己优秀的儿子学业将从此中断而遗憾。

少年立志成大器，15岁的李嘉诚挑起了养家糊口

> 父母必须让孩子知道，在成长的道路上，不可能是一帆风顺的。成功往往是与艰难困苦、坎坷挫折相伴而来的。
> ——芭贝拉·罗斯

的生活重担，过着风里来雨里去的"行街仔"的生活。终于，1950年，他白手起家，创办长江塑胶厂，开始了艰难的创业生涯。

历史评说

李嘉诚的首富地位不是父辈遗赠的，而是他在经历了无数困难后，靠拼搏和奋斗获得的。正如他本人所坦言："其中的艰辛，决非

常人所能想象……"

李嘉诚的童年与现在的孩子无法相比，从他备受家人疼爱到担起全家生存的担子，只有短短十年的时间。这十年内，境域变更，亲人离去，生活困苦全部压了过来，但生活的压力使李嘉诚形成了独立思考和独立生活的能力。正是得益于此，才有了他后来的顽强拼搏。

当然，除了李嘉诚自身的努力之外，他从父亲那里学到的自立、自信和自强的精神，更是不可忽视的。他不无感慨地说"父亲无论是在知识上，还是人格上，永远都给我一种鼓舞，一种激励。"

生活中有成功者，也有失败者。顺境当然可以出人才，逆境一样也可以出人才，但从人才成长的一般规律来看，逆境、挫折的情绪更容易砥砺意志。因此在逆境中经过挫折的千锤百炼成长起来的孩子，更具有生存和竞争能力。一个人若想成功，必须要学会接受失败和痛苦，然后不断努力直至成功来临，其中的每一个过程都是不能回避的。

大多数家长都比较重视孩子的ＩＱ（智商），但谈起ＡＱ则一头雾水，ＡＱ就是我们说的逆境商或挫折商。在具有相差不多的智商和情商的情况下，高ＡＱ的人在面对逆境时，能始终保持上进心，并克服种种困难，以获得成功；低ＡＱ的人在困难面前，则往往看不到光明，于是败下阵来。

缺乏自立和吃苦精神是今天许多独生子女的通病，家庭的"温室化"使"小公子"、"小公主"比比皆是。由于一切都来得太容易，因此孩子不懂得爱惜，不懂得奋斗，更不懂得关心别人。他们只喜欢物质享受，只爱自己，在其成长的过程中，也总是一帆风顺。因此当孩子进入社会后，往往因不能面对竞争的残酷现实，而在困难和逆境面前败下阵来，这不能不说是我们教育的失败。

慧宝良方

那么要如何培养出高ＡＱ的孩子呢？许多教育专家都认

为，高ＡＱ并不意味着单纯的挑战挫折，还应该从小就培养其乐观、自信的心理素质。

让孩子保持乐观的情绪，增强其对失败的承受能力

让孩子每天都保持好心情。对于其积极的情感给予赞扬，对于消极的东西则给予疏导，这有助于孩子的身心发展和形成乐观向上的情绪；并且能使其在对抗挫折的时候，容易保持一个良好积极的心态，而不会受到很大的挫折和打击。

当然家长除了给予孩子爱以外，还应该有适当的惩罚手段，不能使孩子养成任性、自私、怕苦怕累的坏习惯。

让孩子从你的态度中学会"自信"

过度的挫折容易打消孩子的自信和积极性。如果孩子在遭受挫折后变得没有动力，沮丧失望，那么家长就要想办法增强孩子对自己的信任感。鼓励孩子，让他认识到人的一生要经历许多磨难和挫折，关键是要正确地面对它，只有鼓足勇气和信心，才能相信自己的能力，征服现有的和成长道路上无数不可知的困难。

鼓励孩子的进取心，不因失败而责备他们

我们交给孩子任何一项任务，不但希望孩子能够完成，而且更希望他能够有所创造，而不要满足于取得的成绩。因此向孩子交代任务时，也要诚恳地说：我希望你比从前做得更好。

做事要善始善终，经历挫折才会敢于迎接挑战

孩子必须能够接受失败，否则他将无法面对逆境。爱迪生为找一根灯丝失败过 1000 次，埃尔利西把自己发现的药物命名为 606 号，这意味着他的前 605 次试验都失败了。所以孩子一定要学会承受失败，即使失败了，也要懂得爬起来再战，再接再厉。

当然家长可以做孩子面临挑战时的"智囊团"，或者做他的"休息地"。当孩子克服了困难时，要及时地给予他表扬，以此来巩固他的这种行为，使其形成好习惯。

陈景润

拥有平常心，
学以明志学以致远

许多家长从小给孩子灌输一个"不平凡"的意识，希望能够起到"扶摇直上九万里"的作用，但有时候却适得其反。事实上，宽松的精神世界更有助于孩子的发展。数学家陈景润能够取得如此巨大的成就，很大一部分原因得益于其父母对他没有什么过高的要求，从而给了他一个宽泛自由的发展空间。

智趣故事

陈景润出生时，陈家已经有了 8 个孩子。他的降生，并未给父母带来太多的欣喜，因为陈家实在是太贫困了，至于孩子的前途，其父母只是认为能够平安地生活就好。

陈景润不爱运动，也不爱说话，却非常爱读书，爱书到了近乎于痴迷的程度。他的父亲和家庭无意中为他酷爱读书提供了天然的条件。父亲虽然读书不多，但他却十分敬重读书的人，他只是

名家简介：

陈景润（1933年—1996年），我国著名数学家。主要研究解析数论，他所发表的成果被称之为陈氏定理，是哥德巴赫猜想研究上的里程碑，他的研究成果至今仍在世界上遥遥领先。

明白一个道理：让孩子读书总会有好处。因此，他节省每一个铜板，为孩子筹集学费，让他们能上学读书。

上学后，陈景润并没有显示出过人的天赋。读初二时除了数学能得九十几分以外，他的其他科目都是八十几分，在班上处于中游水平，在学校也只是一个默默无闻的学生。在他人眼里，陈景润不会有什么出息。一次一位热心人劝道："看这孩子现在的样子，也不会读出什么大名堂，还要花那么多的钱，不如直接找个事让他做吧。"一向老实的父亲却坚持说："我也没指望他能当个大官，就想让他会点技术，以后能在社会上有点用就行了！"除了考虑到这点外，他没有想过，也没有能力为陈景润的未来设计一个美好的蓝图。

在陈景润的成长过程中，他的母亲对他的影响也很大。他母亲是一位典型的农村妇女，勤劳善良，为人宽厚，不斤斤计较，从来不让自己的孩子与人争斗。受到母亲的影响，陈景润学会了宽容忍让的做人准则，该原则对陈景润这样的痴心学者恰恰是必不可少的。这位"科学苦行僧"长期默默无闻地在数学王国里耕耘，并最终因对哥德巴赫猜想的贡献而成为了世界著名的数学家。

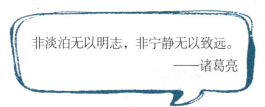

非淡泊无以明志，非宁静无以致远。
——诸葛亮

历史评说

我们从这个平凡的家庭中，几乎看不到什么高明之处，陈景润的父母只是质朴地认为让孩子多读点书总会有好处，并坚持让儿子完成了学业。值得我们更多思考的是陈景润的父母对待子女的平常心，以及他们教给孩子的对人宽容和善的态度。

陈景润从小就是一个不起眼的学生，其学习成绩也一般。父母对他没有大的奢望，只是希望他能够顺利地成长，并掌握生存的本领，做一个对社会有用的人，这就使他的精神世界十分自由宽松；同时母亲待人宽厚平和的性格，使他学会了与世无争和踏实苦干的处世态度，也为他的潜心治学打下了根基。

在当今的家庭中，几乎所有的父母都在为孩子将来能"成大器"、"做栋梁"做着各种精心的准备，而极少有人认可孩子将来做个普通的劳动者，平凡地过一生。这种"不平凡"的种子，已经在许多孩子的心里生根发芽，并使他们陷于对"人上人"的追逐中。

家长希望孩子能出人头地本是无可厚非的，可这种愿望却越来越功利性，而且目标也日趋狭窄，使孩子常处于被支配、被指责的地位：孩子考试没考好，要批评；比赛没得奖，要批评；高考失利，要批评。面对严酷的现实，孩子也会变得脆弱、敏感、孤傲清高，害怕失败，在与同伴的交往中把正常的竞争变成畸形的争斗，从而变得自私自利。

长此以往，家长和孩子都会在追求和失望的过程中筋疲力尽，给孩子成长带来的压力和阻力也会更大。据北京大学精神卫生调查表明，在中国3.4亿的未成年人中，至少有3000万人存在学习、情绪和行为障碍。可见，父母急迫的心理和高压政策，已经对孩子造成了不小的精神压力，对孩子的心理健康也是一种威胁。看来也该"可怜天下孩子心"了。

慧宝良方

近年来中国正大张旗鼓地进行的素质教育改革也是与之相吻合的，当然这更需要家长的配合。

要有一颗宁静平和的心态，淡化那种强烈追求结局的意识

家长只有在竞争激烈的社会中，保持一颗平稳的心态，才能够让孩子以宽松淡泊的方式去对待一切。应该使孩子拥有一个宽松自由的精神世界，以正常的心态进行工作学习，与同伴保持一种和气有序的关系。

在孩子的心理承受能力、自身的才能和希望的目标之间找好平衡

让孩子"平凡"并不是让他"平庸"。家长应该让孩子有做普通人的心理准备，这并不妨碍教诲孩子树立理想与目标。一位接受这一观点的家长说："我知道我的孩子绝对不是天才，她不需为自己要成为天才而痛苦。但是，我不会鼓励她在童年时因为空洞的快乐而放弃努力。"

帮助孩子确定一个切实可行的目标也很重要，然后可以通过努力一点一点地实现，即便很难实现，家长也要不断地引导。对于孩子的每一个进步都给予赞扬，每一个退步都宽容并加以鼓励，切忌因为一时达不到预期的目的而轻率地对孩子表示失望。

督促孩子脚踏实地很重要

只有拥有一步一个脚印的、学习态度和宽厚待人的良好品质，才能够有所突破。曾经看过这样一则寓言：一个人从生下来开始，就对面包有着无比浓厚的兴趣，他发誓要做一个优秀的面包师，其父亲听后，并没有因为他的志向渺小而阻拦他。长大后他如愿以偿。他做面包时特别挑剔，要绝对精良的面粉和黄油。他从不去想今天做了多少生意，然而他的生意却是出人意料的好，甚至盖过了那些比他更聪明活络的人。

这个寓言讲述了一个这样的道理：当你不刻意追求而踏实地去做时，一种收获已经在默默等候你了。在我认为，孩子树立的无论是多么渺小的志向，只要他用踏实认真的态度去对待，抛开一定要"如何如何"的包袱轻松上阵，那么很可能其收获的比期望的还要丰厚得多。

傅聪

与孩子同步成长，做孩子一生的舵手

作为父母，是否能够紧跟住孩子成长的步伐，已经成为家庭教育成功与否的一个关键。傅聪是中华人民共和国成立后，第一位参加肖邦钢琴比赛并获奖的人，他以精湛的演奏震惊了中外乐坛。在傅聪成名后，当人们问及他艺术成长的道路时，他总是把其父亲傅雷称作他一生的老师。

智趣故事

傅聪的父亲傅雷，是我国著名的文学翻译家，他终身致力于法国文学的翻译。最初，傅雷曾让傅聪学习美术，谁知傅聪并不是绘画的"料"，他那些习作几乎都是鬼画桃符，乱笔涂鸦。与此同时，傅雷发现每次有音乐响起时，儿子总是一反调皮好动的常态，而是静静地听。于是傅雷果断地让儿子改学钢琴。事实印证了傅雷的决定，傅聪对音乐的非凡理解力证明他"有一对音乐的耳朵"。

名家简介：

傅聪（1934 年—），上海人，我国著名钢琴家。被评价为"有分量的巨匠"，《时代周刊》亦曾誉其为"当今最伟大的中国音乐家"。

　　傅雷对幼年的傅聪要求极严，甚至对儿子应该怎样说话，怎样行动都有严格的规定。一次傅聪不吃青菜，专捡肉食，傅雷就生气地罚他吃白饭，不许吃菜。由于父亲的严格管教，傅聪在父亲面前总是小心翼翼，不敢任性。许多年过后，傅雷在给儿子的信中写到："跟着你痛苦的童年一起过去的，是我不懂做爸爸的艺术的壮年。幸亏你得天独厚，任凭如何打击都摧毁不了你，因而减少了我一部分罪过。"傅雷以此来追悔自己在年轻时对儿子的严厉与苛刻。

> 不满意自己的人会成长；不确定自己正确的人，会学得许多事物。
>
> ——中国格言

　　1954年8月，傅聪来到波兰留学深造。傅雷谆谆告诫儿子："我不是希望你成为世界名人，更不是成为万贯富翁，而是要你成为祖国的好儿子。"不久，傅聪的音乐天才就蜚声西方乐坛。这时收买拉拢他的人越来越多，演出也越来越频繁。傅雷听到后万分焦急，他告诫儿子："千万别做经纪人的摇钱树！他们的一千零一次劝你出台的理由，无非是想趁艺术家走红的时候多赚几文！哪里是为你真正的艺术着想！"事实证明傅雷教子是成功的。次年2月，傅聪就摘取了第五届国际肖邦钢琴比赛的"玛祖卡"奖。

　　恋爱是人的一生中不可避免的事。傅聪有了恋人，这时傅雷又提醒他，不要被初恋的热情冲昏头脑，把爱情和婚姻理想化，他告诫儿子："世界上很少有如火如荼的情人能成为美满的白头偕老的夫妇的。"关于如何对待婚后的生活，傅雷也提醒他："对终生伴侣的要求正如对人生大意的要求一样不能太苛刻。"

历史评说

　　许多年后，傅聪的弟弟傅敏在一次接受采访中说："事实上，随着我们年龄的增长，父亲也在不断改进他的教育方法，他说在我们两个孩子身上学到了很多，他是和我们一起成长的。"

在傅聪很小的时候，傅雷就发现了他的音乐天赋。当然这也是经过了一定的曲折的，而不是"一锤定音"：在傅聪的幼年时期，主要以严格管教为主；青年时，傅雷改变了教育方法，采用平等的讨论、民主的协商方式；到了成年，傅雷与儿子一起讨论道德、婚姻、爱情。可以看出，父亲傅雷在随着傅聪一同成长，并成了儿子的朋友。

如同傅雷教子一样，我们知道，教育培养孩子，不单单是跟孩子生活在一起，更重要的是"与孩子一起成长"。从婴幼儿时期开始注重启发、教育孩子，随着孩子的成长、成熟，又能为孩子更进一步的成长做好参谋，当好后勤，而并非简简单单地满足孩子的物质要求。这种"与孩子一起成长"的思考模式，是民主式、开放式的家庭教育，它不仅仅能使孩子学会知识，学会是什么，而且还能使家长知道孩子在想什么，需要什么。

还记得影片《卡拉是条狗》里面有这样一个镜头吗？父亲将儿子那条"阴阳怪气"的裤子扔到了楼下，儿子怒气冲冲地跑出去捡回来，又跑到学校的厕所里偷偷换上。这只是电影里的一个镜头，但却是生活的一个侧面，那就是家长"落伍"了。这里的"落伍"实际上就是与孩子的成长脱了节，这也是孩子越来越不听"摆弄"的直接原因。

慧宝良方

由上可知"与孩子一起成长"理应成为家教的主题，值得发扬光大。

父母带头学习，成为学习型家庭的主体

父母是孩子的长者，但并非就是孩子天然的教育者。《北京青年报》曾发表过一篇小文章，题目是"现代妈妈缺少育儿知识"，说的是某市起

码有半数育儿期母亲不合格。往更高了说，父母知识欠缺，对树立自己的威信也是个绊脚石。

"只要孩子好好学习，不要自己天天向上"的父母是不称职的父母。由于成长环境和培养目标的变化与更新，家长对子女的教育，是在自己带头学习新知中完成的。哪一天父母自己不学习了，他也就失去了教育子女的资格。

父母向孩子学习，拉近与孩子的距离

一本书名为《学习的家庭》，带来了有关与孩子共同成长的信息。尽管职业不同，背景不同，对孩子的期望值不同，但父母与子女相互学习，为孩子营造健康的成长环境这一点却是相同的。

父母向孩子学习，首先体现了家长尊重孩子，善于发现孩子的闪光点的意识。只有这样，才能认真去读懂孩子这本"书"，时刻保持着与孩子同步成长的进度。

跟上孩子的思维和思想

在信息化时代的今天，孩子身上不仅具备美好的品质，而且，还具有那些符合时代精神的社会性，这正是我们父母不及孩子的地方。同时，孩子们渐渐由青涩到成熟，由无知到已知，为了避免孩子将成长中的"秘密"对父母秘而不宣，我们的家长必须学会用孩子的思维去观看世界，从而理解他们的思想。

以"变"应"变"，始终做孩子的"舵手"

习惯于站在一个高于孩子的位置和孩子交流，或者絮叨说教，是家长习惯的一种教育方式，事实证明，这种方式往往会令人厌倦。所以家长应该注意使用多变的语言，以及不同的语调和表情来调整教育方式。

如果对待从6岁成长到16岁的孩子始终采用一种教育策略的话，那么无论家长多么努力尽心，在教育上都可以说是一对"粗心"的父母。配合孩子的成长，父母关心的焦点也应该从生活学习到婚恋家庭逐步改变，完成"与孩子一同成长"的大计。

丁肇中

沟通，架起孩子和父母之间的桥梁

如何把握孩子变幻莫测的性情？如何知道孩子心里的"疙瘩"？如何始终让孩子向你敞开心扉？这些不是问题的问题正在不停地困扰许多父母与孩子。著名物理学家、诺贝尔奖获得者丁肇中，他的父母却是从小到大都掌握着他的心灵秘密。

智趣故事

丁肇中从小就是个"小名人"，一是因为他的功课优异，二是他的棒球玩得特别出色，是校内公认的"球王"。

中学毕业后，丁肇中报考了台湾大学，他充满自信地说："我要考个头名状元回来！"可事与愿违，他的成绩只能被成功大学录取。丁肇中痛苦极了，整日茶饭不思，寡言少语，这让父母十分担心。一天晚饭后，父亲走进他的房间，坐在他身边，问他："怎么了？你

名家简介：

丁肇中（1936年一　），华裔美国人，物理学家，现任美国麻省理工学院教授，他曾发现一种新的基本粒子——J/ψ基本粒子，并因此而曾获1976年诺贝尔物理学奖。

是我的儿子，你知道，你不快乐我心里也很难受！"一句话打开了丁肇中的心门，他把自己的失望与苦恼全都说了出来。一番开导后，父亲鼓励他："一个人要经受得起挫折，无论在哪里学习，只有肯干，肯自强，就能前进。否则，即便是在一流的大学，也未必能有好成绩。"

经过这次长谈后，丁肇中开始脚踏实地在成功大学学习。他一有时间便和父亲聊一聊，父亲也乐得听儿子讲学校里发生的事情。

在机械工程系学了一年后，丁肇中仍然觉得自己的兴趣在物理上。他找到父亲说："我要改学物理学。"父亲不动声色地问他"为什么？"丁肇中说："我认为我更喜欢物理。"父亲分析道："机械工程学得好坏都能吃上饭，学物理却需要具备上等的才能，要取得新成就不容易。"他又问儿子："你考虑好了吗？你认为自己有能力跻身于物理学界吗？"丁肇中坚决地回答："只要肯埋头苦干，我相信我能成功。"望着儿子年轻执著的脸，父亲毅然表示了支持，"但是你要记住，自然科学的重要发现，只有第一名，没有第二名！"

从此，丁肇中开始了对实验物理学领域的大胆探索，并取得了一系列令人瞩目的成就。

历史评说

从上面的故事，我们可以看到，交流在解决一个人在不同时期遇到的不同问题上，发挥着不可小觑的力量。

丁肇中的父亲能够察觉孩子的变化，并启发他说出自己的"思想活动"。在与孩子交流的时候，平易近

> 互相倾诉、彼此倾听，这一切足以改变一个人。
> ——露西·太巴赫叟

人，以朋友的身份缓解儿子的心理压力，拉近了父子之间的感情，一方面成了孩子的朋友；另一方面，在找到症结后，善于疏通孩子的思想，把孩子从悲观的情绪中解脱出来。所以当面临前途的重大选择的时候，丁肇中能够主动与父亲沟通，并得到了父母的大力支持，甩开思想上的包袱，全身投入新的研究领域，取得了辉煌的成绩。

在 2002 年春节联欢晚会上"火"了的一首歌，唱到了人们的心坎儿里。"生活的烦恼，和妈妈说说，工作的事情，跟爸爸谈谈。"它反映了一种心理需要，那就是交流。父母是孩子最亲近的人，也是孩子最想倾诉和依赖的对象。思想上的交流可以让父母了解孩子的真实想法与真正动机，化解其在学习、生活、工作中的问题，使他们认清方向，少走弯路，早日成功；也可以增进父母与子女之间的感情。

可是在一次中学生的家长座谈会上，参与讨论的，只有12％的家长表示能够经常以朋友的身份与孩子聊天，而63％的家长则表示因为代沟而无法沟通。那么是什么使得本该畅通的沟通出现了障碍？真的是孩子根本不想说呢？还是因为家长忽略了倾听，忽略了孩子的思想活动，疏远了与孩子心灵的距离……

慧宝良方

子女长大后，其思想也就不再像儿童时期那么单纯，遇到的问题也会复杂得多。父母若想与孩子保持交流，可以从以下几个方面多加注意。

找准症结，对症下药

我国古代思想家韩非子曾指出：要紧紧抓住对方的内心，靠的不是渊博的知识，而是准确地掌握对方的心理。所以家长在与孩子的交流中，首先要注重这一点，要准确地找到孩子的症结所在，了解是学习上的、前途上的、爱情上的还是其他方面的问题，好对症下药。

认真对待孩子与自己的谈话

孩子喜欢对家长说话，是对家长的信任，这很可贵。有时候，他所说的就是每天发生在生活中、学校里的小事，但只要可能，家长千万不要打断孩子的话，或者表现出厌烦。因为，这么一来，孩子向家长敞开的倾诉之门，得不到回应，而自然就关闭了。

设身处地，剖析自己，找出相通点以引起共鸣

一般人都不喜欢空谈道理，父母可以讲述自己曾经走过的与孩子类似的人生之路上的经历和感受，这些事情一说出来，孩子会有一种"原来我爸爸年轻时候也……"的平等心理。

著名翻译家傅雷就曾经利用过这一方法。他的儿子傅聪在二十刚出头时，正是其情感最丰富的时候，青春的萌动使他感到压抑，甚至影响事业。如何对待恋爱的问题，傅雷以自己的亲身经历开导傅聪说："学问第一，艺术第一，爱情第二。在我一生的任何时候，即便闹恋爱最热情的时候，也没有忘却对学问的忠诚。"他还把自己如何发挥青春过剩精力的方法传授给儿子："把情感通过写作乐曲'升华'为艺术"，使彷徨在人生路口的傅聪有了指路人。

善于引导，细心倾听

家长要善于引导，特别是要用社会上主流文化观念去引导孩子，把孩子引到正道上来。而作为孩子要学会理解家长，要敢于把所思所想告诉家长；家长也应该倾听孩子的想法，提出自己的建议。

学会平等地沟通

家长与孩子之间的沟通是社会互动的一部分。家长占有社会优势地位，有的家长采取"沟通不好，就打人、骂人"的粗暴行为，而这些行为的"副产品"则只会让孩子离家长更远。为人父母，一定要尊重孩子的意愿，学会倾听，才能了解孩子的所思所想。

董建华

动脑也需动手，培养实践能力

　　鲁迅先生讲"拿来主义"，指出对于知识，关键是要拿来用，从而使死的知识转化为一种能力，如此一来这种知识才会有生命力。备受海内外人士关注的中国香港特别行政区首任行政长官董建华，做事练达、果断，有主见，这些都得益于其父亲董浩云教子的最成功经验之一：重视在实践中培养人才。

智趣故事

　　1956 年，董建华以优异的成绩，考入英国利物浦大学机械系。这一时期，董浩云的事业迅猛发展，一跃成为准世界级船王，董建华也因此成为一名世界级的富家子弟。但董建华时刻铭记父亲的教诲，以自律、自好、自强作为人生的准则。他同普通留学生一样，乘公共汽车或骑自行车往返于校园与住所之间，潜心于自己的学业。

名家简介：
　　董建华（1937年—），浙江舟山人，生于上海。曾任香港特别行政区第一届行政长官（1997年—2005年），现任第十一届中国人民政治协商会议全国委员会副主席。

董建华毕业后，许多人都以为董浩云会把学有所成的董建华马上召回香港，或将其放到主要业务点协助自己。然而出人意料的是，董浩云做出了这样的决定——让董建华到美国通用汽车公司（GM）打工。

董浩云就此问儿子："小华，明白我为什么让你进GM吗？"董建华回答说："我明白，GM是全球最大的汽车制造公司。从1924年斯隆担任总裁后，该公司不仅战胜了美国国内各大汽车公司，而且一直稳居世界各大汽车生产王国之首。我钦佩斯隆这个人，经他一手创立的现代企业管理原则，我想也适合于我们这种国际型的航运企业。我相信，我可以从他们那里学到许多东西。"

董浩云听了儿子的回答后，点了点头表示同意，但他仍觉得儿子的理解不深不全，便进一步表明了自己的想法："光有书本的知识是不行的，我知道你学到了很多先进的理论，但你必须全面锻炼自己，从最底层做起，先当一名普通的职员，考虑怎样学习别人的经验，为将来开创事业打好基础。"

听了父亲一席话，董建华立即有了一种茅塞顿开之感，他用坚定的语气回答道："爸爸您放心，我决不会让您失望的。"于是董建华在GM当起了打工仔，一干就是四年，1965年才回到香港，与父亲共同管理生意。

> 学和行本来是有机联系着的，学了必须要想，想通了就要行，要在行的当中才能看出自己是否真正学到了手。
> ——谢觉哉

历史评说

董建华从"东方海外"的掌舵人到香港特别行政区的首任行政长官，其成功的人生之旅引起了广泛关注，不得不说这是其父对这颗"明珠"雕琢的结果。

董浩云非常注意正确处理理论学习和实践锻炼的关系。他不仅教子要生活简朴，同时让董建华从最底层做起，实践中、在社会大课堂里培养能力，使他在书本上学到的理论能够在工作中得到很好的应用，得到锻炼，学习了先进的管理经验和处世之道。

"纸上得来终觉浅"，这句话告诫了受教育者要学会在现代社会中更好地生存，重要的是把学会的知识转化为"做事"的能力。未来世界的飞速发展对实践能力的要求越来越高，并非如有些家长说的只要脑筋灵活就行，还得把好的想法、好的思路变成成功的实践。

掌握知识，有死活两法。有能力的人应该让知识"活"起来，善于活学活用知识，在工作中、生活中将理论与实际相结合，有创新，有突破。诺贝尔奖获得者丁肇中，在登上领奖台的那一刻，仍不忘寄语中国青年重视科学实验，"我是在旧中国长大的，因此想借这个机会，向发展中国家的青年强调实验工作的重要性。……自然科学理论不能离开实验的基础，特别是物理学本身就是在实验中长大的……"否则，即便是学来的知识烂熟于心也会没有了归宿。

传说英国过去有一个叫亚克敏的人，一生都非常酷爱读书，他不仅把家里的7万多册藏书读完了，还广泛搜寻，博览群书。遗憾的是，他一辈子都没写过一篇文章，也没有做过一次研究，终生一事无成，只是个会走的书橱或一个会吃饭的图书馆。

这也是为什么许多学生在毕业后，讲起理论来侃侃而谈，但常常是眼高手低，一参加工作便茫然起来的原因。事实上，这些人在学生时期以为只要知识点背下来了就是会了，哪有时间理会在生活中该怎么运用；即便是其每个假期都有社会实践的任务，也大多都是填了表格草草了事。事实上，缺乏实践能力，而只有理想和理论，是不会成功的。

慧宝良方

让孩子"读万卷书"可以，要真的把"行万里路"提到日程上来，就不那么容易了。身为家长应该从孩子小时起，即从小处着手培养他们的这种能力。

家长需要转变观念

不少父母认为孩子只要学习好就行，其他的什么都不用管。但是一个人如果实践能力不强，他可能就是一个"醒得早，起来得晚"的人。所以家长要及时转变现有的观念，从现在起，既重视孩子认知能力的培养，又重视其实践能力的锻炼。

在生活中给孩子提供动手的机会

为了不使我们的孩子陷入只会学习，不会"做事"的尴尬境遇中，有心计的父母应该注意在生活里刻意培养孩子的实际能力，并为孩子提供接触社会、接触自然的时间和空间，提高他们的动手能力和实践能力。

善于引导孩子把学习的理论运用到生活中

生活中经常会有这样的印象：使用同一把剪子剪东西的时候，在不同的位置用的力气也不同。家长可以启发孩子运用力学的"力矩的作用"，来解释剪子根比剪子梢省力的原理，从而逐步培养孩子善于在生活中，运用所学知识解决实际问题的能力。

给孩子主动权，让他自己往前走

根据孩子的实际情况，积极地创造条件，有目的地引导孩子参加实践活动，让孩子去锻炼。

香港科技大学的学生叶雅欣，得到了来内地实习的机会。临行前她的父母并不同意她去实习，因为实习期间没有工资，且4个人共用一间宿舍，条件十分简陋。但叶雅欣却乐在其中："虽然实习时间只有1个月，但收获很大。因为平时只是念书，现在却可以接触企业运作、管理和流程，有了实践经历，这种经验是书本上学不到的。"

因此家长的确要"该放手时就放手"，让孩子早日在社会的大舞台上一显身手。

蔡志忠

体察孩子爱好，使之受用一生

　　爱好对一个人的人生成功是极为重要的。当你热爱并且一心一意去追逐时，就会像蝴蝶一样，准备着振翅高飞。蔡志忠，由一个从小喜欢漫画的孩子，到最终成为台湾著名的职业漫画家，就是凭着自己的这股热情和兴趣。刚从事职业漫画行业的时候，蔡志忠还是一个中学都没有读完的少年，而这期间给他最大鼓励和支持的便是他的父亲。

智趣故事

　　蔡志忠的父亲是一位民间书法家，他在管教蔡志忠的时候从不刻意地约束。对他来说，儿子立什么志该由其自己来把握，他相信儿子有能力选择好自己的发展方向。五岁那年的一天，父亲问蔡志忠："你长大后要做什么呢？"志忠干脆地回答："我啊，我最想画招牌。"父亲听后，并没有因为儿子的志向渺小而不快，更没有责备他胸无大志。

名家简介：
　　蔡志忠（1948年一）是中国台湾的漫画家。早期代表作有《大醉侠》《西游记》《封神榜》等四格幽默漫画。后来从事一系列中文典籍的漫画化创作。

受到家庭环境的影响，蔡志忠从小就喜欢画画，兴起的时候竟然在墙上涂鸦。父亲面严心慈，对儿子做的不太"规矩"的事，并没有进行严厉批评，还由于受这件事情的触动，给儿子买了一块小黑板，这也成了促使蔡志忠走上画漫画这条道路的原动力。

上了初中后，蔡志忠把大部分的时间都用在了看漫画书和画漫画上。而且每每向拮据的父亲要钱买漫画书，父亲也总是多给他一些。因为漫画占用了他大部分的时间，初中二年级的时候蔡志忠遭到了留级的惩罚。父亲非常失望，但他也只是希望儿子在学业上稍微用点功。

这个时候，蔡志忠已经开始尝试

> 成功的家教造就成功的孩子，失败的家教造就失败的孩子。
> ——泰曼·约翰逊

自编脚本，画成作品，并且多次被台北出版社采用。15岁那年，也正是他留级的那个暑假，台北一家漫画出版社写信邀请他去画漫画。当时蔡志忠不知道父亲能否答应他放弃学业。那天晚上，蔡志忠忐忑不安地走到父亲身后，轻声说："爸，我明天要到台北去画漫画。"父亲没有回头，边看报边问儿子："有工作了吗？""有了！""那就去吧！"父亲说完后，继续看他的报纸。或许，此时的蔡志忠和他的父亲都未曾想到，这短短的十来秒钟的对话，竟决定了蔡志忠一生的漫画之路。

从此，蔡志忠成为职业漫画家，并于1977年创立了远东卡通公司，开创了中国古籍漫画先河，风行至今。

历史评说

蔡志忠的成功向许多父母证实了一件事情，那就是家长体察并尊重孩子的选择，可能会改变孩子的一生。

很佩服蔡志忠的父亲，竟然敢把 15 岁的孩子放出去闯荡。儿子在 5 岁时就立志长大后要画招牌，面对这样"渺小"的愿望，父亲并没有把他的兴趣扼杀在萌芽状态，而是给了这个"芽"足够见"阳光"的机会。人各有志，所以当还稚气的儿子说出那样笃定的话的时候，父亲松开了握在手里的孩子的"翅膀"，让他去"单飞"。

术业有所专攻。对于自己感兴趣的事情，人往往会以一种主动的姿态去努力。许多伟大的人才都是在童年时就表现出了非凡的气质和天赋，也许这些表现并不见容于当时的正规教育，但只要家长们能认真思考，仔细观察，说不定就会将子女引上一条光明大道。

可在现实中，我们的父母多习惯于"学而优则仕"的思路，过多地关注了儿女的成绩，却对由孩子的天性所表现出来的兴趣爱好有意无意地加以泯灭，认为这会使孩子不务正业。同时许多家长把孩子当做是自己的理想在现实生活中重来一次的机会：小时候自己想当画家的，便把孩子送去学画；想当科学家的，索性坐在孩子身边，陪着他三更睡五更起；什么时髦学什么；什么热门考什么。可是孩子毕竟不是父母想法的克隆版，试问家长们是否和孩子平等地坐下来谈过，听过他们的真实愿望呢？

一对初中毕业的双胞胎姐妹从小爱唱爱跳、活泼开朗。督促学习本无错，可是她们的父母却整天逼着她们学习，成绩不好便责骂，就连寒暑假也将她们反锁在家中复习功课，两姐妹因此变得更加厌倦学习，厌烦父母，成绩直线下降，最终导致了不可挽回的局面。

慧宝良方

小树苗能否长成参天大树，要根据它们喜阴喜阳、喜冷喜暖来培植；对于孩子更是应该如此。家长应该尽量体察孩子的志向，并对其加以正确的引导。

注重孩子的天性，善待孩子的兴趣

聪明与成就并不一定都表现在成绩上。

爱玩、调皮是所有孩子的天性，但有时候，在玩的花样中，蕴育了许多孩子的潜质，更多的东西是在儿童天性之中自然而然流露出来的。欧洲著名画家达·芬奇，他之所以能成为一名画家，就在于他的父亲在儿子的游戏过程中发现了他的爱好，并为他发展绘画才能创造了条件。同样，我们的父母在教育子女时，也应该悉心体察孩子的需要，找到兴趣点，加以引导，使其充满活力地健康成长。

悉心交流，平等沟通

作为父母，热情地给孩子报名参加各种辅导班的时候，是不是总处在一厢情愿的尴尬境地呢？无需怀疑家长的爱，但总应该多和孩子沟通，认真地问问孩子，喜欢什么，长大后想从事什么。不要让有音乐天分的孩子却握着不感兴趣的画笔。

有针对性地扬长避短

家长要努力地为扬长避短赋予积极的含义。也许你的孩子算术不准确，但他很有文采，那么不要把他的弱势抓住不放，而是要表扬他的长处，勉励孩子以特长弥补自己的短处。

在现实当中，许多成功人士在幼年的时候，都曾有着"偏科"、"打狼儿"的经历，但是他们的家长并没有因此而丧失对他们信心，也没有打击、讽刺他们，而是在发现他们的长处后，顺应孩子的意愿，尊重孩子的选择，使他们的特长得以充分发展，并从而受用一生。

郎平

持之以恒，将理想进行到底

古语说：世上无难事，只怕有心人。简而言之，人只要有毅力、有恒心，就没有什么做不到的。在中国排球沉寂了多年，又以坚强的毅力创下了11连胜的好成绩的时候，不免又让我们想起了上次"五连冠"的主力——素有"铁榔头"之称的郎平。

智趣故事

1973年，北京工人体育场业余体校排球班的老师来学校挑选队员了。小学六年级的郎平，因身材高挑而被选中，从此她与排球结下了不解之缘。

排球班的训练从6月份一直练到了8月份。每次训练，郎平的父母都不去送她，因为他们认为这正是锻炼孩子的好机会。随着训练难度的加大，许多队员产生了畏难情绪，渐渐败下阵来。特别是当初与郎平一块参加训练的同学小陈，也已偃旗息鼓不练了。

于是，在以后的时间里，郎平都是

名家简介：
郎平（1960年—），我国著名女子排球运动员和教练员，是20世纪80年代世界女子排球界"三大主攻手"之一，有"铁榔头"之称。

独自一人去体校。枯燥、乏味、艰苦的训练，使她也多次打起了退堂鼓。有一次，她觉得实在捱不下去，抱定

> 骐骥一跃，不能十步；驽马十驾，功在不舍；锲而舍之，朽木不折；锲而不舍，金石可镂。
>
> ——荀子

了放弃训练的决心，但是母亲知道后，语重心长地对她说："这正是考验一个人体质和意志的时候，这个时候放弃，前面的努力就都荒废了。要想做一名优秀的运动员，怎么能不吃苦呢？"

从此，郎平顽强地坚持了下来，球技突飞猛进。郎平比一般女孩子更能吃苦，练接球时常练得两臂红肿，母亲看了十分心疼，但她仍然鼓励女儿坚持训练。

就这样，凭着自身良好的素质和始终不渝的韧劲儿，经过顽强的努力，郎平终于成了群芳之冠，并成为"世界三大扣球手之一"。

历史评说

从郎平的成长历程中，我们看到在获得"铁榔头"的殊荣里，凝聚着她超人的意志和耐力。

从这个故事中我们可以看到，我们在享受创造的成果时，很少能体会到创造者的艰辛。创造的最后也许是面对着鲜花，而其过程却总要伴随着无数次的失败和挫折，只有具有坚韧的意志力，才能创造出最后的成功。信息时代的今天，文化知识、科学技术的发展堪称日新月异，"一不小心成了才"的机会实在是微乎其微。

有一些家长抱怨自己的孩子："我这孩子并不比别的孩子笨，可就是没耐性，做事总是虎头蛇尾，半途而废。"这些令家长和孩子都很烦恼。因此，在智力水平相似的情况下和同等的教育环境中，谁有毅力坚持下去，谁就能取得最后的胜利。

慧宝良方

　　一个人的恒心的培养需要从小开始。做事忍受持久的过程，不仅对于孩子，就是家长，能够做到坚持督促孩子也相当不容易的。那么，怎样才能让孩子做事不半途而废呢？这对家长的意志力和恒心也是一个严格的考验。

父母要做好表率

　　家长如果做事情虎头蛇尾，善于模仿的孩子，怎么能不半途而废呢？所以在提醒孩子的同时，父母也要记得提醒自己做事要坚持到底，要善始善终。

父母要注意孩子的意志力和好胜心的培养

　　在实际生活中要随时随地注意磨练孩子的意志，"将活动坚持到底"，鼓励孩子克服困难，实现目标。对于意志力差和好胜心不强的孩子，家长应注意激励培养他。一旦孩子有了较强的意志力和不甘落后的好胜心，那么他做事也就有了动力，从而也就会想方设法去做完一件事。

在实际生活中指导监督孩子做事

　　再孩子做事的过程中，父母在关键时刻要给予其指导和鼓励，以防他们碰到解决不了的问题时灰心丧气。家长所要做的是说服鼓励，并监督他做完某件事。这样长期坚持下去，孩子的能力提高了，习惯养成了，做事也就不会再半途而废了。

树立正确的学习目标，才会有不断的进取精神

　　目标过难，孩子尽最大能力亦不能成功，他就会伤心失望；目标过小，产生动力则小。

　　所以家长应当帮助孩子树立崇高的目标，从近处着手，逐步培养，逐步实现，从而引导他向长远目标奋进。

李泽楷

管放结合，让孩子快乐地生活

　　"谁拒绝父母对自己的训导，谁就首先失去了做人的机会"；与此同时，培养塑造孩子独立的人格和能力，也是父母的重要责任。许多家长在对孩子进行教育时，在"管"和"放"孰重孰轻的问题上出现了矛盾；而另一些家长则成功地做到了"管放结合"，成为了教育的典范。

　　香港新闻界曾以"李嘉诚部署子承父业，龙兄虎弟崭露头角"为题，专门报道了李嘉诚"顺境之子"的情况；随即，超级富豪李嘉诚"管放"结合，育子成材的美谈也随之传遍了世界各地。

智趣故事

　　李嘉诚有两个儿子。长子李泽钜，现为长江实业集团掌门人；次子李泽楷现担任电讯盈科公司行政总裁，被美国人称为"亚洲年轻的企业新星"。

　　基于自己少年时的坎坷，所以李泽钜和李泽楷一出生起，李嘉诚就和其夫人商定：首先让孩子感到家庭的温暖，

名家简介：

　　李泽楷（1966年—），香港首富李嘉诚的次子，加拿大国籍。现任电讯盈科主席，兼任东亚银行非执行董事。

其次要让他们得到最好的教育。所以，在李泽钜和李泽楷兄弟俩还很小的时候，李嘉诚便请人教他们读书写字。到他们八九岁时，又开始对他们进行独特的商业熏陶：每当开董事会时，李嘉诚就让儿子坐在专门设置的小椅子上列席会议。有时大家争得面红耳赤，兄弟俩吓得哇哇直哭，李嘉诚便说："别怕，我们争吵是为了工作，木不钻不透，理不辩不明嘛！"

在生活上李嘉诚非常注意用自身的克勤克俭，不求奢华来影响孩子，他认为"不管你拥有多少家财，决不能让孩子养成娇生惯养、任意挥霍的生活习惯。"同时，他还特别教导儿子要考虑他人的利益，不要占任何人的便宜，要努力地学习和工作。兄弟俩未入大学以前，李嘉诚每个周日都拒绝所有的应酬，带他们到一艘并不豪华的小游艇上去，"好处是跟他们说道理他们也无处可逃"。

读完中学后，李嘉诚将兄弟俩送到美国史坦福大学留学深造。对此，李嘉诚表示："为了他们的将来，就是不忍心也要忍"。在孩子们留学期间，李嘉诚不但密切关注他们的学业长进，更注重他们品质的培养。在他的鼓励下，李氏兄弟都从事勤工俭学的活动。

毕业后的李氏兄弟提出想在父亲的公司施展才华，没想到又一次遭到了父亲的拒绝。他对兄弟俩说："让实践来证明你们是否合格后再到我公司来任职。"

兄弟俩这才恍然大悟，原来父亲是要把他们推向社会，去经风雨，见世面，从而使他们锻炼成材。他们到了加拿大后，李泽钜开设了地产开发公司，李泽楷则成了多伦多投资银行最年轻的合伙人。最终兄弟俩都成了商界出类拔萃的人物。

历史评说

李嘉诚严格要求儿子：在学习上，严格规范；在生活上，克勤克俭，力求独立；在做人上，正直有原则。这些都体现了父亲的"管"。

而李嘉诚把兄弟俩远送重洋去留学，鼓励他们勤工俭学，拒绝孩子借自己的"光"，锻炼他们能够独当一面的能力，则重在"放"上，使他们最终靠自己的能力成为了商界的龙兄虎弟。

一直以来，在对孩子的教育问题上，"管"与"放"就是两个难分高下的观念。这里所说的"管"就是教育、管理。中国的家长，在教育孩子的过程中对于"管"，向来很拿手。自古就有"养不教父之过"，生养他的父母对孩子加以正确的抚育、引导和管教，这可以说是一种责任。但是过于偏爱子女的父母，却容易进入到"过犹不及"的地步，也就是说从小到大，事无巨细地包办孩子的许多事情。

而"放"，既要处理好家庭教育管理的"度"，又要遵循孩子身心成长的规律。美国家长在培育孩子的过程中，大多持"放"的态度，孩子从小就经常听到父母的口头禅："自己照顾好自己"，但过于让孩子顺其自然地生长，也极易走入当"管"不"管"，想管又管不了的境地。比如，当孩子进入大学阶段后，父母却因为完全相信孩子的能力，对孩子的学习、心理、情感不闻不问，从而导致孩子如同大海上的小船，极易失去方向。

> 正确教育子女的方法，最主要的应该是管和放相结合。
>
> ——本文作者

慧宝良方

在孩子来到人世后，父母理应给以他们帮助，培养他们应有的独立人格。因此，理性的家长应该学会善于"管放结合"，把握好何时该管，何时该放的教育之度。

用科学的教育方法进行合理的指导

指导，不是命令，不是严格地控制和包办。在孩子毫无自制力的时候，如果养成了不良习性，追究起来当然是家长没有"管"好的责任；随着孩子的自我意识和独立意识的逐步增强，一种"心理断乳"的要求越来越强烈。此时，许多孩子求自立而得不到，许多家长想让孩子自立却方法不当，从而导致双方出现了矛盾，陷入"管不好"、"放不得"的尴尬中。

所以，父母应该多学习研究科学的教育方法，比如，孟母为什么三迁择邻，她不直接干涉孩子的交往，但却间接地选择邻居？家长的教育方法融入了更多的科学性，才能合理地指导孩子。

理解和掌握孩子不同年龄的心理特点

鲁迅先生在《我们怎样做父亲》一文中曾写到：教育孩子，首先要理解，"倘不先行理解，一味蛮做，便会大碍于孩子的发展。"

何时管多放少，何时管少放多，对于教育孩子来说，不能用具体的年龄阶段来划分"管"与"放"哪个来得更有效，而是要结合具体年龄、具体事情来具体分析。比如，小孩子没有自制能力时，养成了不好的习惯，此时当然就需要家长的管制。但如果一味地认为孩子不懂事，而处处限制其思想、限制其手脚，则会使得不少孩子在成长关键期的智力发展受到限制。家长应该多琢磨理解孩子的心理，平衡"管""放"，减少这方面的偏差。

"该放手时就放手"，锻炼给孩子自主的能力

现在，大部分未成年的孩子都是独生子女，受到过多关怀的孩子们，其实更容易成长为"问题孩子"，而家庭教育中的适度地"放"，也许会放出一个好孩子来。如果家长们都能以科学的思想来把握好"放"的尺度，对孩子进行"远程调控"，那么相信孩子会在"管"和"放"中健康地成长、成人。

艾萨克·牛顿

让创造能力成就孩子的一生

有人说：二十一世纪的真正角逐，并不是技术上的较量，而是人脑和创造力的对抗。大凡受过训练的人都能够操作机器，完成想要的指令，但是这个指令，就来源于人的创造性。创造是生存之源，说到"创造"，人们很容易将其与许多大发明家联系起来，英国的科学家牛顿就是其中的一个。

智趣故事

牛顿出生于一个农民家庭，因为种种原因，他是由祖母抚养长大。童年时代的牛顿性情孤僻，学习成绩也不太好，但他爱思索，喜欢提出一些古怪的问题，比如"为什么水车会转？""为什么人不能飞？"祖母总是尽其所知耐心地回答。

年幼的牛顿不仅喜欢问，而且还热衷于制作各种机械玩具。尽管家里很穷，但在他的央求下，祖母还是为他买来了锯和小锤子。于是牛顿整日拿着他的工具敲敲打打，不时做个稀奇的小玩意儿出来。开始，他作的东西很简单，同学

名家简介：

艾萨克·牛顿（1643年—1727年）英国物理学家、数学家、天文学家、自然哲学家和炼金术士。在物理学上，他提出了万有引力定律和三大运动定律，阐明了动量和角动量守恒的原理。

老是笑话他，但是牛顿仍然很用心地制作，而且每一件都很有独创性，小桌子、小椅子、小车，总是和人们一

> 创造，或者酝酿未来的创造。这是一种必要性：幸福只能存在于这种必要性得到满足的时候。
> ——罗曼·罗兰

般见到的不同，每次拿给祖母看，祖母都会对他的"大作"大加赞赏，这就更激发了他发明的欲望。

有一次，祖母发现他一连几天放学都很晚才回家，拿着一堆拣来的小木片、小钉子、细铁丝，饭后也在灯下又是削又是刻的，在屋里叮叮当当地敲打，弄得家里不安生。但祖母并没有斥责他，她心想，不知道这孩子又在搞什么小发明了！果然，几天以后，一架小水车制成了。祖母乐得搂着小牛顿笑出声来。第二天放学后，牛顿便拿着自制的小水车，跑到小溪边去试验，小水车居然转动起来，而且非常灵巧。可这时有个顽皮的同学，却一脚把水车给踢坏了，一贯和气待人的牛顿猛冲过去狠狠地教训了那个同学。事后牛顿伤心地告诉了祖母，祖母安慰他说："不要紧，我们一起再做一个更好的。"

历史评说

在人们眼里，"人不能飞"、"水车会转"，是一个司空见惯的现象，但是，牛顿的脑子却出现了一连串的"问号"，这些问号的产生和解决问号的决心，不得不说与其老祖母营造的一个宽松、随性的环境有关。老祖母未必懂得小牛顿的思考和手工制造是源于他的创造性思维，但她却总是很耐心地欣赏孙子的"作品"，还大加赞扬，并给予其支持。而这恰恰保护了牛顿极其宝贵的求知欲，激发了他的创造性，使他对科学和发明创造越来越感兴趣。

飞机发明家莱特兄弟也曾回忆道："父亲给我们带来一个小玩具，

用橡皮做动力，使它能飞起来，我们就照这个玩具仿制了几个，都能成功地飞起来……"后来他们玩上了瘾，并萌生了制造飞机的想象。

可见，人的创造潜力是与生俱来的，而且往往在孩童以及少年时期最为活跃。如果能对其加以培养和训练，并形成一种思维方式，这将对今后的学习、工作取得优异成绩有很大的帮助；但若不对其加以开发和保护，那么这种思维能力就将会逐渐减退。

曾经听过这样的说法，中国的中学生屡获国际奥林匹克竞赛奖，可中国高校却没有培养出获诺贝尔奖的杰出人才，这成了中华民族人才教育上的一个"百慕大三角区"。可见在中国，无论是家庭教育还是学校教育，给孩子发挥创造力的时间和空间总是狭窄的，被忽略的。

大家不得不承认，我们的孩子不"聪明"，不是孩子的错，而是错在他们长期受到束缚。为什么中国人在掌握技能方面向来很厉害，而在创造能力上却不行呢？或许是因为长期以来学习只为了升学，整天在文字、题海里转。所以搞了多次全国青少年科技大赛，几乎没有什么值得称道的东西。说到底，还是把孩子看成是知识的容器，从而使其创造性大打折扣。

慧宝良方

创造性的思维不用人教便可以有，但是完全功利性地教与学，却可能会教得孩子不会创造也不会想象。因此，科学的幼苗还要从小开始保护。

孩子是天生擅长创造的

日本著名创造家恩田彰认为，"孩子的创造性，对别人未必新颖，但对于他本身却是前所未有的，是一种自我实现的创造性。"见多识广的大人，不应把这种创造看成是"瞎说"和不起眼的小事。这种有意义的"瞎说"，是创造思维活动中的火花，家长应该给予积极的鼓励和赞扬。

有位老师曾讲过这样的例子：一个3岁男孩穿着背带裤，活动时被小朋友拉掉了裤扣。他没有求助老师，而是把两根背带分两边，揽腰系住了裤子，然后继续玩耍。这个急中生智的办法，对成年人来说也许是不足挂齿，但对一个才3岁的男孩来说那就是"前所未有"的创造。

营造宽松的家庭环境，培养孩子的想象力

家长不能因为孩子小而把他看成是自己的附属品，从而为其制定太多的条条框框，而应该让孩子做自己的主人，允许他有自己的稀奇古怪的想法和施展的空间，并通过游戏等活动，积极地调动孩子的想象力和其对新鲜事物旺盛的好奇心。

纵容孩子的动手甚至是"破坏"行为

著名教育家陶行知先生曾经描述过这样一件事：一位母亲对他抱怨说，她的儿子非常淘气，把好好的一块贵重金表给拆坏了，她把儿子打了一顿。陶行知先生当即就说："可惜呀，中国的爱迪生让你给枪毙了。"

陶行知先生的这番话说明了目前许多家庭教育的误区，已经直接影响到孩子创造性的形成。由于家长的高声喝斥，孩子失去的将是千金难买的好奇心和动手的勇气，与这相比，那贵重的金表又算得了什么呢？

扩大孩子的阅历，培养孩子的动手能力

知识和经验是构成孩子想象力的元素，也是其拥有创造力的基础，教给孩子知识要尽可能涉及到多个领域；另外，家长总爱给孩子买那些形象逼真的玩具，这些玩具再新颖再漂亮，也不利于改造创新，在玩的过程中无益于孩子展开想象。因此，家长应该鼓励孩子自己动手，体验自己制造玩具的乐趣。

孩子接触、学习科学，最重要的一个途径就是动手。因为，只有经过动手实验之后，才能验证想象和理论是否会变成现实。

乔治·华盛顿

注重谦诚，
培养孩子成为有魅力的人

每个父母都希望自己的孩子是一个受人欢迎和被人喜爱的人。现实生活表明，最受人喜欢的性格是正直、谦虚、诚实、值得信赖。美利坚合众国第一任总统乔治·华盛顿就是其中的一个。他凭借其高尚的品德、坚定的信念得到的人民的信任。而这一切品德，都受益于他的母亲对他的教育和影响。这位哺育了一代英雄的母亲玛丽非常受人敬仰。基于她生前一向朴实和谦逊，美国人为她立了一块碑，碑文上也没有任何华丽的辞藻，只是简单地刻着：玛丽，华盛顿之母。

智趣故事

华盛顿家中种了不少的樱桃树。小华盛顿生日那天，父亲奥古斯丁送给他一把漂亮的手斧。华盛顿十分喜欢，他想，它究竟有多锋利呢？第二天，他便跑到一棵小樱桃树跟前，挥斧砍了过去。那小斧头果真锋利，小樱桃树被砍折了。

奥古斯丁发现自己刚刚从英国进口的小树被砍倒后，十分恼火，他厉声喝

名家简介：

乔治·华盛顿（1732年—1799年）他领导了美国独立战争，并成为美国第一任总统，其同时也成为全世界第一位以"总统"为称号的国家元首。

问："这是谁干的？"华盛顿情知不妙，但仍然主动坦白："我不愿意撒谎，这树是我砍倒的！"一旁的玛丽迅速地在丈

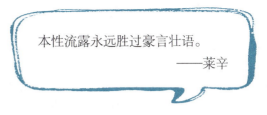

本性流露永远胜过豪言壮语。

——莱辛

夫耳边说了几句话，随后奥古斯丁怒气全消，还将儿子紧紧搂在怀里，夸奖他诚实。并表示：这种品德，比樱桃树要宝贵一千倍。

华盛顿长到16岁那年，玛丽为了将儿子锤炼成勇敢、坚毅的男子汉，毅然支持他去从事野外作业。

美国独立战争爆发不久，华盛顿被推举为大陆军总司令。临行前，玛丽对儿子说："不要忘记你是美国的普通公民，上帝只是使你比别人更幸运一些而已！"此后的数年间，玛丽还托人转告儿子，希望他戒骄戒躁，乘胜前进，争取获得更大的胜利。

战争胜利后，华盛顿回家探望母亲。她却并没有像公众舆论那样赞扬儿子，只是自豪地说："孩子，我为你很好地履行了自己的职责而感到高兴。"在为庆祝华盛顿荣归而举行的盛大的舞会上，所有人无不以钦佩的目光，期待他们的致词。但玛丽只是谦恭而庄重地说："很高兴能和大家一起欢乐！"而华盛顿，也没有什么慷慨激昂的演说，显得更加朴实随和。

后来华盛顿正式当选为美国总统，赴任前他和母亲告别。玛丽擦了一下欣喜的老泪嘱托："你不用再来看我了。去吧，我的好乔治，你要永远做好事！"

历史评说

华盛顿没有受过正规的高等教育，但是这丝毫没有影响到他在人们心目中的地位，因为他接过了母亲玛丽的做人的法宝——谦诚。

一棵名贵的小樱桃树和一句承认错误的真话，哪一个更有价值？

玛丽及时地制止了丈夫的怒气，使大夫反而夸奖儿子的诚实，从而使华盛顿可贵的品质得以保持下来。同时，在人们为华盛顿的胜利而欢呼，各种荣誉和呼声接踵而至的时候，母亲玛丽言传身教华盛顿，面对荣誉和辉煌时仍然应当谦恭，平静淡然，而不要大加炫耀。这样谦诚的品质，伴随了他的戎马之旅和政治生涯，也使得这位充满了传奇色彩的英雄人物，更加值得人们的尊重和传颂。

谦诚是人类的美德，作为人格的一部分，它是在环境中长期孕育、熏陶的成果。若从小被撒下"谦诚"美德的种子，荣誉感、自信心便会油然而生，与人互信互赖的关系也会很稳定，长大后自然会是堂堂正正，受人尊重的人；但反之，只打诳语，谎话连篇，喜欢高谈阔论，把自己的事业讲给大家听，停滞不前的人，他的价值和威信也一定会是微不足道的。而骄傲是不祥之兆。正如我国明代进士庞尚鹏所说："凡是有钱有学问而瞧不起别人的人，自己是在作孽。即使其公德古今第一，也不过是份内的事，没有什么值得炫耀的。人的一生中充满凶恶，只有谦虚退让，才能受益。"而那些取得一点小成绩便夸夸其谈、不思进取的人，无论他们把自己描绘得多么伟大，也终将被其骄傲所摧毁！

慧宝良方

我们的家长，应该注意从小就培养孩子谦虚和诚实的美德，让孩子成为更有魅力、更受人欢迎的人。

真话比黄金还珍贵

小孩子不是天生就会说谎话的。家庭首先应该是保护孩子诚实的基地。家长要随时察觉他的情绪和需求，给他安全、信任、足够的关爱；让孩子从小就生活在公平、信任中；常常反省自己、调整自己，把孩子培养成一个人见人爱、诚实守信的人。

严肃对待孩子的谎言

许多家长抱有这样的态度"只要学习好了，其他什么都不重要！"实际上这是错误的，是否诚实将严重影响到孩子以后的发展。

北京有个大学生考到美国攻读博士，刚去没有几天，他就用实验室里的电话打了40分钟的长途。导师在看过电话单后，找到了这个博士生，开始时这个博士生并不承认，后来才承认。第二天，他被开除了，理由很简单：像这样的学生，不能保证他在写博士论文的时候不用假数据。

所以家长要及时地制止孩子的谎话，千万不要让谎言发展成为"有谎的行为"，那样的话，即使其成绩再好，也不足以称道，到头来反而会害了自己。

表扬孩子要有度

教育家卡尔·威特对儿子的表扬从不刻意张扬，只有在儿子成绩特别突出的时候才会把他抱在怀里；而且，他从来不让客人当面夸奖儿子，因为他认为那样做只会让儿子停滞不前。

孩子取得成绩当然要表扬。当今的许多父母喜欢在众人面前炫耀孩子在某方面的"与众不同"，这样很容易使孩子自满。家长对其不能一味地表扬，还要指出其不足，督促他再接再厉，继续前进，这样才能使他取得更好的成就。

另外家长也应该审视一下自己，看看是否常常在孩子面前夸夸其谈，炫耀自己的业绩，好"吹牛"、"好大喜功"。必要的时候，我们自己也需要谨言慎行，使家庭成为培育孩子谦诚美德的温床。

约翰·歌德

擅长"表达"，好语言能力伴随终生

许多人认为，"语言能力"不就是说话吗？这有什么好重视的呢？事实上，一个生长在丰富语言环境中的孩子具有更多的优势，欧洲著名作家歌德，他的父亲在他的早期教育上，就非常善于用语言来启发他的各方面才能。

智趣故事

歌德出生于莱茵河畔的法兰克福，他是家中唯一的男孩。从歌德出生起，父亲就有计划地对他进行严格教育。

从歌德4岁开始，父亲就亲自教他读书识字，而且请了好几位家庭教师，教儿子学习各种语言。聪明、求知欲强的小歌德，很快就通晓了父亲及其他教师所教的功课。因此，他8岁就能阅读德文、法文、意大利文、拉丁文等多种文字的书籍。

在歌德的家里常会出现这样的场面：小歌德站在椅子上，面对"观众"用其

名家简介：

约翰·歌德（1749年—1832年），德国著名作家、思想家。歌德是魏玛古典主义的代表人物，也是德国最伟大的作家之一。

> 一个人的智力发展和形成概念的方法，在很大程度上先取决于语言。
>
> ——爱因斯坦

稚嫩的童音“发表演说”。这些观众，是歌德的父亲为了训练儿子的口才，特意找亲朋好友充当的。刚开始，小歌德对着那么多成人难免有些害怕，说话也结结巴巴、词不达意。经过一段时间的锻炼，他变得口齿伶俐，演讲起来也开始随心所欲、极富感染力。

14 岁的歌德开始写剧本，25 岁他发表了风靡全球的小说《少年维特之烦恼》，成为德国乃至世界文坛上一颗灿烂的巨星，并被恩格斯推崇为文艺领域里的“真正的奥林匹克神山上的宙斯”。

历史评说

人们称歌德是个天才，事实上，歌德的才能并不是与生俱来的，他能取得如此巨大的成绩，主要靠他父母对他精心的教育。

歌德的父亲为了把他培养成一个出类拔萃的人，可谓费尽了心思。值得家长们借鉴的是，他不仅注意培养歌德多方面的兴趣，还非常注意对他进行语言方面的训练。

语言能力是各种能力的基础，它可不是“上嘴唇一碰下嘴唇”那么简单，其中还含有说话能力和文字使用能力，而且与人的智力密切相关。尽早使孩子学会语言、学好语言，是开发智力、提高表达能力、理解知识能力的前提。倘若不给孩子说话的机会和以流畅的语言表达思维的机会，那么对他一生的发展将没有什么好处。所以家长们应该重视孩子语言的发展。

在一次对美国第三大计算机公司总裁摩挲里齐进行的采访中，记者问他：“您成功的秘诀是什么？”他提出了三条，其中一条就是语言能力。

我们的家庭普遍对发展孩子的语言能力没有足够的重视，家长往往不会去刻意地锻炼孩子的语言表达能力和组织能力。但是这种语言能力上的欠缺，在不久后的几年或者十几年里，就会暴露出来。

慧宝良方

家长们需要把握好孩子语言训练的"黄金时期"，多让孩子说话，多听孩子说话，多跟孩子讲话，给他们提供表达自己思想的机会。

找准时机，"硬灌"语言

卡尔·威特主张，3岁以前就应给孩子灌输语言，而且是标准的语言。所以在孩子"牙牙"学语的阶段，就应当尽量多地抓住时机，让孩子接触语言。

做语言游戏，"玩"出丰富的词汇

与孩子交流时用词要尽量丰富多样。让孩子从一学语言开始就有个高起点。随着孩子年龄的增长，家长可以想方设法做一些开发语言能力的游戏，使他觉得学语言是一项很有趣的事。

语言描述，提高口头表达水平

鼓励孩子自己讲故事、编故事。带孩子到户外游玩，开阔其眼界，并引导孩子用自己的语言描述他所看到的、听到的，想到什么就说什么，学会把内心感受、看法表达出来，"见物生情，出口成章"。

学习外语和学习母语一样重要和迫切

除了母语，孩子还应当学外语，对于年幼的孩子来说，每一种语言都是外来语，不会互相干扰；而且孩子学习语言，对他来说，是游戏，不是功课。

卡尔·威特

正确的早教，
让孩子早日迈出成材的步伐

"即使是普通的孩子，只要教育得法，也会成为不平凡的人"，这是一名德国少年卡尔·威特的父亲说的。卡尔·威特曾经是个被人议论的"白痴"，可是经过父亲的教育，他16岁时便获得法学博士学位，并被任命为柏林大学的法学教授。他的成功验证了其父亲教育理念的成功——普通孩子可以成为不平凡的人。

智趣故事

小威特出生后，很多人都知道他不仅不聪明，而且还是个有智障的孩子。大家纷纷议论说"小威特是个白痴，别想他能有什么出息"，但是老威特可不这样想，他依旧把教育抓得很认真。

对婴儿时期的小威特，老威特常常在儿子眼前伸出手指，起初儿子由于看不准，不容易抓到。最后终于抓到了，这时老威特就会用缓和又清晰的语调，

名家简介：

卡尔·威特（1800年—1883年），德国19世纪的著名天才。他八九岁时即可自由运用六国语言；九岁时进入了哥廷根大学；23岁时发表《但丁的误解》一书，成为研究但丁的权威。

反复发出"手指"的声音给孩子听。

在小威特3岁的时候，老威特开始教他读书识字，诀窍是引发孩子的兴趣。老威特先买来画册，给儿子讲故事听，之后还让小威特复述故事，以强化他的记忆，增加其词汇量。慢慢地小威特兴趣就高了起来。老威特就抓住机会启发他说"你要能认识字就好了。"小威特很高兴地接受了。再后来小威特便缠着爸爸要他讲故事给自己听，老威特故意不答应，说："我太忙了，你自己看吧。"小威特当然看不懂，竟急得直哭，这时老威特才说："那我教你认字吧。"

威特每天带孩子到户外散步一两个小时，边走边交谈。看花，捉昆虫，孩子总有问题要问，这时候他就耐心地讲给孩子听。一次他们登上本村高塔，放眼四方，老威特让孩子画村落方位图；再散步的时候，又让儿子在地图上标出道路、河流和树林。这样，小威特便逐渐地掌握了幼儿难以理解的地图概念。老威特还经常带孩子去博物馆、美术馆、植物园、工厂、矿山，以广见闻。到了5岁时，小威特几乎周游了德国所有的大城市。

就这样，小威特对语言文字和其他科学产生了浓厚的兴趣，并能够灵活地掌握复杂的知识。到了八九岁时，小威特已经能够自由运用几门语言。莱比锡大学的校长通过考查，宣布"9岁的小威特具备了十八九岁青年所不及的智力和学历，而这正是他父亲恰当地实行早期教育的结果"。

> 做父母的对子女的早期教育决不是一种无效劳动。
>
> ——丹尼尔·笛福

历史评说

小威特并不是一副天才的胚子。但正如那位校长所说，这正是"恰当地实行早期教育的结果"。其父亲威特是理智的，在对待儿子的问题上，他有效的运用早教"法宝"：一是想方设法引发孩子的兴趣，使小威特对事物始终保持着一种好奇心和求知欲；二是用讲故事增加孩子的词汇；三是用灵活多变的教育形式，教给孩子思考问题的方法；四是陶冶情操，最终使他成长为天才少年。

中国古语说"一年之计在于春，一日之计在于晨"，那么一人之计呢？应该是在于"童"。孩子的许多智力、兴趣和习惯都是从儿童时期开始形成的。因此给孩子一个良好的开端，对于他以后的学习、生活都有至关重要的作用。

从日常生活中我们就可以看到，小孩子无论是学习语言、接受能力，还是学习其他技能都要比成年以后快得多。日本的教育学家木村久一提出了"可能能力的递减法则"。他假设生来具有100度可能能力的儿童，如果从一生下来就对他进行理想的教育，那么他就可能成为一个具有100度能力的成人；而如果从10岁开始教育的话，教育得再好，也很难达到具备60度能力的成人。由此看来，开发智力的很大一部分工作要在一个人的幼年和童年进行。

但是，许多家长却在孩子的教育上陷入了比较极端的误区，一种是求成心切，陷入"拔苗助长"的境地；一种则是在教育上显得过于草率，顺其自然，认为孩子的能力到了一定年龄自然就会形成了，孩子聪明与否都是天生的。

人刚生下来时差别并不大，但由于小时候所处的环境和接受的教育不同，有的人可能会成为英才，有的人则会变成凡夫俗子，甚至是蠢才。

慧宝良方

早期教育的重要性是不言而喻的。但究竟教什么、怎么教，却大有学问。

培养孩子广泛、强烈、稳定的兴趣，做兴趣的主人

其实，现在儿童的智商都较高，关键是让孩子把自己的特点和兴趣展示出来，兴趣得到充分展示才是天才发展的最好契机。

家长可以在轻松的环境下，以孩子感兴趣的东西为载体，通过游戏、音乐、绘画等活动，培养孩子的各种基本能力和学习兴趣。不要强迫地让孩子喜欢什么或不喜欢什么，也不要干涉孩子"错误的行为"。孩子可能把白云画成了黑的，但这并不需要纠正，因为这可能是他对"乌"云的理解。

树立正确的教育目标，遵循幼儿身心发展的特殊规律

想让一个刚学会说话的孩子出口成章是不现实的。"拔苗助长"，无异于将参天大树扼杀在萌芽时期。所以，对于尚未成年的儿童，家长需要根据孩子的学习情况来稳步地确定目标。

授之以渔，培养能力

"交给孩子开门的钥匙比带他们进入房间更为合适。"简单地追求获得知识，机械地让孩子背诵一些不符合其年龄的科学名词、概念，反而会对孩子的成长有害，倒不如教给孩子掌握问题的方法。所以授之以"鱼"不如授之以"渔"，获得了捕鱼的方法将使其终生受益。

重视非智力因素，陶冶孩子的情操

早期教育不能以死记硬背为基础，以牺牲游戏的时间为代价。一个人的成功中，其智商因素只占20％，而80％则要归功于良好的心理素质。如果一个人性格孤僻、自卑、急躁，不能面对挫折，那么他智商再高也难成大器。所以必须从小培养孩子健全的人格，较强的忍耐力、适应力、自信心和探索精神等，比单纯地拥有知识更为重要。

汉斯·安徒生

家庭是培养美育的重要基地

爱美是人的天性。对于孩子来说，"美"也十分重要，生活中的各个环节，各种美的事物，都可以对他们产生非常重要的影响。透视许多名人的成长，他们的家庭都在美育上花了很多心思。比如丹麦的著名童话作家安徒生，虽然其童年生活窘困，但他的父母仍然在对他的美育教育方面做了很大的努力。

智趣故事

在安徒生居住的那个小城镇上，有不少贵族和地主，而安徒生的父亲只是个穷鞋匠，母亲是个洗衣妇。当地的贵族地主们生怕降低了自己的身份，都不允许自己家的孩子与安徒生一块儿玩。父亲看在眼里，气在心里，但是一点也没有在孩子的面前表露出来，反而对儿子说："孩子，别人不跟你玩，爸爸来陪你玩吧！"

安徒生的家够简陋了，仅有的一间小屋子，既是他们的住处，又是父亲的

名家简介：

汉斯·安徒生（1805年—1875年），丹麦作家、童话故事家、诗人，因为他的童话故事而闻名世界。代表作有《卖火柴的小女孩》《丑小鸭》等。

补鞋摊子。小屋子里，破凳烂床把小小的空间塞得满满的，没给安徒生留下多大的活动空间。然而，就是这么一间破烂的小屋，父亲却把它布置得像一个小博物馆似的，墙上挂上了许多图画和做装饰用的瓷器，橱窗柜上摆了一些玩具，书架上放满了书籍和歌谱，就是在门玻璃上，也画了一幅风景画……父亲常给安徒生讲《一千零一夜》等古代阿拉伯故事，有时则给他念一段丹麦喜剧作家荷尔堡的剧本，或者英国莎士比亚的剧本。这些书本中的故事使小安徒生浮想联翩，常常情不自禁地取出橱窗里父亲雕刻的木偶，根据其故事情节表演起来。

而这些并不能让安徒生的父亲感到满足，他还用破碎的布片给木偶缝制小衣服，把它们打扮成讨饭的穷

> 没有美育，就不可能有个性充分的全面发展。
>
> ——杰普莉茨卡娅

人、小孩、欺压百姓的贵族和地主等，并编起木偶戏来。为了扩大孩子的眼界，丰富孩子的精神世界，父母亲同意和鼓励安徒生到街头去看油嘴滑舌的生意人、埋头工作的手艺人、老乞丐、横冲直撞的贵族和伪善的市长等，从而使其获得各种感性经验。

童年的遐想和生活经历，为安徒生提供了源源不断的思路，并使其成功地创作出了《卖火柴的小女孩》、《丑小鸭》等优秀的童话故事。

历史评说

人们似乎很难将一个拥挤的小屋、几本旧书、自制的木偶、一个修鞋的父亲和一个洗衣服的母亲与一位著名的童话作家联系在一起。可以说安徒生之所以能写出如此生动的作品，是与他小时候的生活经历有着密切的联系的。

安徒生虽然家境贫寒，父母没有文化，但是他们崇尚美的东西，无形中把家庭美育发挥得淋漓尽致。父亲总是绘声绘色地给他讲故事，把房间布置得充满趣味，精心地编排木偶戏，带着他观察生活。这些都是美的东西，也使小安徒生在不知不觉中接受了美的熏陶，获得知识，成为一个伴随几代人的童话王子。

为此我们可以看到家庭美育的重要性。美育的内容很广泛，可以说"以美育人，其乐无穷"。它可以是视觉的，听觉的，心灵的，环境的以及专业艺术技能的，等等。美的事物，美的形象，美的寓意能够感染孩子，唤起孩子情感的共鸣，使孩子在愉悦中，不知不觉地接受了美，学习知识，形成良好的品德和习惯；而且对于家长来说，更可以通过美育来早期发现和培养儿童的艺术才能，为孩子的将来"把脉"。

"人的根本改造应当从儿童的感情教育、美的教育入手"，难道不是这样吗？大科学家爱因斯坦伴随着母亲的琴声长大；音乐家傅聪的音乐才能受益于父母平时的音乐熏陶；高尔基走上作家之路源于外祖母优美的"口头文学"，等等。可见，在生活中对孩子进行审美教育，培养孩子感受美、表现美、创造美的能力，比干巴巴地传授道理要奏效得多。因此，盼望孩子成材的家长，是不应当忽视家庭美育的。

虽然家庭美育在人们心目中已经得到了认可，但许多家长却将美育单纯地理解为对孩子进行音乐、舞蹈、绘画等方面的特长训练；如果孩子不是那块"料"，就不去培养他的"美育"了，实际上这将使教育结果大打折扣。

慧宝良方

艺术美的教育在孩子的成长过程中占有重要的地位，那么要如何有效地对孩子进行美育呢？

艺术是家长对孩子进行美育的基础

父母要尽量利用艺术作品或开展艺术活动，如唱歌、跳舞、绘画、听故事等。

家长对孩子进行音乐教育、美术教育，主要的目的不是培养艺术家，而是让孩子能受到艺术的熏陶，培养他的艺术修养，为其今后漫长的人生准备好一份享用不尽的快乐；这样做能帮助他们更好地认识世界，提高他们的创造力和想象力。

文学教育让孩子受益终生

孩子的语言是在环境和教育的影响下形成和发展的，语言的发展还将影响到孩子整个智力水平的发展。

我国现代文学家茅盾的文学因缘，就是从听母亲讲故事、看父亲藏的"闲书"开始的。当时的人很难想象，这些"闲书"也可以让孩子把文理看通。因此，家长可以运用给孩子读顺口溜、诗歌、讲故事等生动的文学形式，启发孩子学习优美语言的兴趣，激发其求知欲，提高其语言的表达能力。

为孩子提供富有情趣的家庭环境

为激发、鼓励孩子"从事"美的活动，要尽量为孩子营造一个适宜的生活环境。我们都知道，舒适美观、整齐清洁的环境，能使人心情舒畅。父母们不妨多花费些时间和心思去装饰环境，比如挂些格调高雅的字画，摆放艺术性的居室装饰物，利用色彩、装饰品、壁画、玩具等使生活环境充满活力和生机。

大自然是对孩子进行美育的丰富源泉

大自然的变化会使孩子感到其美无比，其乐无穷。家长可以经常带孩子接触大自然，游览名山大川。对孩子来说，这种生动形象的教育不仅可以丰富知识，开阔眼界，还可以陶冶性情，培养爱国主义情感，激励热爱美、热爱生活、热爱大自然的情感。

查理斯·达尔文

有效的鼓励能够造就天才

　　"鼓励是支持与动力，鼓励是信心与信仰。"从无数伟大人才成长的经历来看，鼓励在他们的身上都起到了至关重要的作用。著名的进化论奠基人达尔文，就是在他的父亲和舅舅的鼓励下成长起来并成为著名的科学家的。

智趣故事

　　达尔文从小就对植物与动物感兴趣，并搜集了许多风干的植物、贝壳和化石等东西。一次，他利用课间活动采集植物，受到校长的当众训斥。回到家，达尔文把这件事告诉了他的父亲，父亲鼓励他说："你有你自己的兴趣，这很好。你还可以继续收集，但不要把它们再带到学校里去了，爸爸给你找个屋子安置它们。"

　　达尔文10岁那年，他和教师、同学一起到威尔士海岸度假。在那里，达尔文观察和采集了许多海生植物的标本。小达尔文富于幻想，他宣称他收集的几块化石是价值连城的奇珍，还说一块硬

名家简介：
　　查理斯·达尔文（1809年—1882年）是英国著名的生物学家、博物学家，达尔文提出并证明了生物进化论，这是现今生物学的基石，其著作有《物种起源》。

币是罗马造的。人们认为他沾染了说谎的恶习,可老达尔文却说:"这说明孩子富有想象力,有一天他可能会把这种才能用到正事上去。"

在达尔文的成材过程中,他还受到舅舅韦伍奇德的教育。舅舅经常鼓励达尔文把观察到的内容记录下来。开始达尔文显得笨手笨脚,做得也很粗糙,但舅舅说:"不要紧,再努力些你就可以做得更好。"果然达尔文对每一个标本都做了很好的记录,有的还画了插图。

这时舅舅又对其提出了更高的标准,他说:"你应该把自己当做一个画家,但要使用文字而不是用画笔与颜色。当你描述一种花,一种蝴蝶,甚至是一种苔藓的时候,你一定要使别人根据你的描述能立刻辨认出这种东西来。"于是,达尔文为了提高自己的文字表达能力,认真地读了许多优秀的文学作品。这些都为他后来的科学考察和研究打下了良好的基础。

历史评说

"孩子需要鼓励,就如植物需要浇水一样,离开鼓励,孩子就不能生存!"从达尔文的成长过程中,我们可以看到,每一次鼓励,都是在为他创造一次机会。

从上面的故事可以看出达尔文的成功,除了其天性的敏感和对生物的兴趣外,也离不开父亲和舅舅的一次次鼓励。

鼓励是启迪人充满自信心的一把钥匙,也是激发孩子学习兴趣的最佳方法。"鼓励"听起来十分吸引人,许多人常常以为鼓励就是说好听的。其实鼓励是为孩子提供机会,培养一种信心:对感兴趣的事情有能力做;对失败的事情有勇气承担;对未尝试过的事情

> 学会适时鼓励孩子并不是一件容易的事情,每一个做家长的都要仔细地研究和思考,如何去鼓励孩子,养成经常反思的习惯。
>
> ——戴尔·卡耐基

做出积极主动的反应，等等。

可偏偏许多家长对子女的表现过分"爱憎分明"，有误必纠，纠之必严。对于成绩差或者犯了错误的孩子，劈头盖脸地就是一通训斥，对孩子而言，这简直就是精神上的虐待。久而久之，孩子就会形成"自己又蠢又笨"的心理定势，会心灰意冷，怎么还能希望他有什么出息呢？

英国著名文学家司各特，他的学习成绩一向是全班最末；爱因斯坦，天才的物理学家，他很大了还没有能力随心所欲地表达情意，上课时常因发呆而遭到老师的斥责。但是，他们却在家人的鼓励下鼓起信心，发奋学习。设想，如果他们的家长，当初也整天恨铁不成钢地骂他们"笨蛋"，不知道现今要少了多少个科学家、文学家了。

慧宝良方

我们的家长在对孩子的教育过程中要充分发挥鼓励的作用，多给孩子以鼓励和表扬，增进他们的自信心和学习兴趣。

要针对孩子进行客观、公正的评价，"扬"他的长处，并及时准确地反馈，发自内心地去欣赏孩子的每一个小小的进步。

注重过程，淡化结果，努力为孩子减少消极压力

只注重结果，而不考虑整个过程，容易将孩子逼进心理的死胡同里去。高明的父母总是能将过程看得比结果更重要。对于天分比较低、学习成绩较差的孩子来说，他们本身就非常自卑，缺乏勇气和信心，而父母的信心则是鼓起他们成长勇气的风帆。

家长应该客观地对待孩子的能力，鼓励孩子尝试新事物

鼓励不是一味地夸奖、护短、说好话，或者物质奖励。鼓励是让孩子有信心去做，而不是不切实际的赞扬。盲目地表扬孩子，容易使他们在成绩面前骄傲甚至停滞不前。经常以物质做诱饵，则无异于培养一个训练有素的"要挟者"。这样对孩子都是无益的。

南丁格尔

培养好习惯，爱心永相伴

付出与回报往往是等价的。在爱别人、帮助别人的同时，收获的是他人的爱和尊重。人们在这个时候很容易想起伦敦中心的一座雕像——南丁格尔雕像和她那充满神话的护理生涯。南丁格尔之所以能把自己毕生的精力都用在护理事业上，就是因为她的父母从小就教会她，要爱别人、帮助别人。

智趣故事

南丁格尔出生于英国一个商人的家里。她的父母为人慈善，常常施舍穷人。在南丁格尔很小的时候，她就经常和爸爸妈妈一道，把家里大量的穿不了的衣服施舍给那些穷人。小南丁格尔将衣服送到那些穷人们的手中并接受他们的感谢，她会有一种满足感，因为她给别人带去了温暖。

妈妈说："你看，那些小朋友和你一样大，可是他们却没有你这么幸福。我们应该尽己所能地去帮助他们，你说对吗？"每次小南丁格尔都会使劲地点点头，也想尽可能多地去帮助他们。

> 人生不是一支短短的蜡烛，而是一支由我们暂时拿着的火炬，我们一定要把它燃得十分光明灿烂，然后交给下一代的人们。
>
> ——萧伯纳

就这样，小南丁格尔在父母的熏陶下，渐渐地萌生了要为穷人、病人服务的想法。一天，她对父母说："爸爸妈妈，我想要到医院去学习护理，以后当一名护士。"爸爸听后问小南丁格尔："你为什么会产生要当护士的想法呢？"因为在当时的社会背景下，护理工作还被认为是非常卑贱的职业。南丁格尔平静地回答道："因为我想为社会、为那些需要帮助的人做些事情。你们不是常常教育我要帮助别人吗？我想通过做护理工作，为那些深受疾病困扰的人们提供帮助。"父母为女儿执着而高尚的精神所打动了，他们鼓励她说："如果你认定了要走这条路，那么，你就要尽力做到最好，要对得起你自己。"

最后南丁格尔终于如愿以偿当上了一名护士，她在日后的工作中也真正实践了自己的诺言。

在克里米亚战争爆发后，南丁格尔冒着生命危险自愿到前线去当护士。在那里，她夜以继日地工作，还主动出钱在医院附近为伤员们创建了咖啡馆、阅览室，购买书籍、唱片等供伤员娱乐。很快，南丁格尔就成了病人们的知心人。

经过努力，终于在 1860 年，南丁格尔用公众捐助的基金创建了世界上第一所正式的护士学校——"南丁格尔护士学校"。

历史评说

南丁格尔的一生没有轰轰烈烈，也没有太多的荣誉，但她的故事却如神话般地传开了。后来，人们为了纪念她，还把她的生日——5月12日定为"国际护士节"。

南丁格尔有一对充满爱心的父母，这种爱心不仅表现在对自己的家庭上，还体现在关心他人、热心公众事物、真诚待人、帮助贫苦人民上面。他们善于用生活中平凡的举动，启发孩子去体会别人的感受，使南丁格尔从小就深受感染，并树立了要为社会上需要帮助的人做贡献的高尚情操。

许多人都以为，想要获得别人的尊重与信任，只要在某种技能上高人一筹便可以了。事实上，这只是一个方面。生活中更需要的是能够善待他人，体贴别人的痛苦，与人融洽相处的人；需要的是注重沟通，付出爱也得到爱的理性的人。这些才是一个人真正拥有人格魅力的最基本素质，也是一个人应该从小积累起来的。

但是在不知不觉中，许多孩子却不约而同地患上了一种"病"，其症状是：任性、霸道、淡漠；对同学的困难漠不关心；对伙伴小气得不得了，过于强调自我……。这样的"病"一旦形成，长大后，肯定处理不好与同事及集体的关系，势必难以适应生活。

对此，在巴黎的一次诺贝尔奖获得者聚会上，一位老者的话给人以很大的启示。有人问他：您在哪所大学学到您认为最重要的东西？那位老人平静地说："是在幼儿园。""在幼儿园学到了什么？""学到把自己的东西分一半给小伙伴；不是自己的东西不要拿；吃饭要洗手；做错事要表示歉意。"

这听起来似乎有点不可思议，但它却告诉了我们一个最简单、最朴实的道理，就是要让孩子懂得爱别人，懂得分享，懂得顾及别人的感受，还需要从小点滴地培养。

慧宝良方

在孩子的成长过程中，家长应该精心呵护孩子幼小的心灵，帮助孩子养成良好的生活习惯、树立远大的理想、常存感激之情，这样，孩子的"爱心缺乏症"就一定能治好。

养成良好的习惯

父母在对子女进行教育的时候，应该在现实生活中，逐步使孩子养成好习惯，教育孩子待人以礼、接物有序、关心他人等良好品德，这是提高孩子个人素质最直接的方式。

创造分享的机会

在现实生活中，小气的孩子并不少见，一个什么都不愿与他人分享、独占意识很强的人，很难做到心里有他人。所以家长应该注意给孩子创造分享的机会。

教育孩子懂得爱并感受爱、给予爱

爱孩子的同时，要让孩子懂得爱是有付出才有回报的。父母要力争创造条件，让孩子去关心他人，去爱一切美好的事物，如关心、同情小伙伴的伤病；并对孩子的爱心和行动及时地予以肯定和表扬。

让孩子心存感激之情

有些孩子在接受别人的照顾时心里根本没有"感激"二字；有些孩子虽然在接受帮助时嘴里说"谢谢"，其心里却认为别人的帮助是应该的。这样的孩子又怎么会有"爱心"呢？因此，我们要让孩子懂得"感激"。父母把同情、尊重、关切、宽容、感激这些美好的要素一点一滴地积累起来，注入到孩子的心灵深处，就会使他迸发出"爱"来。

帮助孩子树立远大的志向，是"治疗"的良方

远大的志向是与博大的爱心融为一体的，这样也才能收到持久的"疗效"。少年周恩来立志——"为中华之崛起而读书"，他的一生，充满了对他人、对民族的爱，最后终成一代伟人；相反，许多家长忽视了对孩子的立志教育，如此一来，孩子的成长当然容易出现问题。

列夫·托尔斯泰

学会爱孩子，让爱心创造奇迹

　　爱是什么呢？"爱是忍耐，爱是慈祥，爱是不嫉妒，爱是不自夸，不张狂，不做无礼的事，不求己益，不动怒，不图谋恶事，不以不义为乐，只喜欢真理。凡事包容，凡事相信，凡事盼望，凡事忍耐，爱是永不止息的等待。"一代文学巨匠列夫·托尔斯泰的成长经历，证明了这样一个事实：爱是可以创造奇迹的！因为爱是儿童成长的最好食粮。

智趣故事

　　托尔斯泰出生于贵族之家，虽然他的母亲和父亲先后病亡，但是在其表姑塔姬雅娜的爱抚和教养下，他仍然享受到了充足的关爱。塔姬雅娜经常亲吻小托尔斯泰的脸颊，教他识字、唱歌，陪他玩耍；每天晚上她都会搂着托尔斯泰睡觉，给他讲故事；寒冷的冬夜，姑姑陪他在客厅里读书；炎热的夏天，姑姑陪他在凉棚下闲谈。

名家简介：
　　列夫·托尔斯泰（1828 年 —1910年），俄国小说家、剧作家。代表作有《战争与和平》、《安娜·卡列尼娜》和《复活》等长篇小说，被认为是世界最伟大的作家之一。

　　托尔斯泰自幼就对自己的外貌十分不满，他认为自己的扁鼻子、厚嘴唇和两个过分大的耳朵实在太丑。有一次他将一些火药涂到又黑又硬的眉毛上，用火点，结果由于火药涂得太多，竟然一下子烧伤了他的面部。塔姬雅娜发现后，不但没有抱怨他，也不许其他孩子嘲笑他，并温和地对他说：别人有别人的优点，你也有你的长处。比如你的眼睛就很有神。她还强调指出：一个人能不能赢得别人的爱，关键在于其心灵，并鼓励他多学知识，多动脑筋，做一个聪明可爱的好孩子。托尔斯泰认为姑姑讲得很在理，从此便不再为自己的相貌苦恼，而是在"聪明"二字上下工夫。

　　托尔斯泰长大成人后，进一步接触了农奴的悲惨境况，他十分同情他们，而且非常想帮助农奴改变命运。他征求姑姑的意见，姑姑当即表示赞同，并认为这是一件大善事。于是托尔斯泰为农奴新建了住宅，购置了农业机器，创办了农民子弟学校。但是农奴们却怀疑他用心不良，最终他的改革毫无成效。

　　经历改革上的失败后，托尔斯泰的心情极为沉重，在莫斯科，他还染上了赌博的恶习。塔姬雅娜知道后，立即写信警告他，并说自己看到他这个样子非常伤心。托尔斯泰接受了姑姑的批评，从此再也没有赌博过。

　　在以后孤独无助的日子里，姑姑给了他无限的温暖。当姑姑发现他具有超常的文学才华时，便鼓励他写小说。此后，托尔斯泰就写起小说来，经过努力，他的《安娜·卡列尼娜》《复活》等作品将他推上了"一代文豪"的宝座。

历史评说

　　托尔斯泰在自传中这样写道："姑姑对我的一生影响最大。从我的幼年时代，她就教给了我爱的精神方面的快乐。她不是用语言教我这种快乐，而是用她整个的人。她使我充满了爱，让我懂得了爱的快乐。"

从上面的故事中，我们可以看到，爱的力量贯穿着托尔斯泰成长的始终，那就是被爱，爱别人，正确的爱。

虽然托尔斯泰从小就失去了双亲，但他仍然在充满爱的环境中长大。在姑姑的语言和行动中，无不渗透着对托尔斯泰的爱。当她看到小托尔斯泰挑剔自己的外表的时候，就鼓励他发现自身更美的东西，重树孩子的自信；同时，姑姑的爱心，使得托尔斯泰也拥有一颗善良的、爱别人的心，她鼓励侄儿去做善事，并在他情绪低落，甚至误入歧途的时候给予他无限的关怀和引导。

我国有句俗话："宁可给孩子一颗好心，不给孩子一张好脸。"父母不懂得爱孩子，孩子就不会爱父母，更不会爱他人。就像汽车一样，孩子的体内，也有一个"油箱"，而家长则是孩子感情的"加油站"，家长应该注意将自己的爱和知识，源源不断地输送到孩子的"感情油箱"，这会成为孩子奋发向上的无穷动力，从而使其具有乐观的态度、积极的精神和关爱他人的优秀品质。

可在一次调查中，居然有20.8%的孩子存在孤独感，36.1%的未成年人有离家出走的想法，可见他们父母的"加油站"出了问题，才使得他们变得消极、孤独。我们可以想到，也许是父母过于关注自己的事情，从而忽视了孩子的内心需求，因而没有安排出必要的时间和孩子共同度过。可是，有些人加的"油"少了，有些人又加多了。过度的关注使父母难以保持平常心态，长此以往，便助长了孩子的依赖心理，使孩子缺乏自信，没有主见。

> 如果真爱自己的孩子，那就应当把心用在了解孩子的心理和对孩子的教育上。
> ——木村久一

慧宝良方

大部分的家长都能做到爱自己的孩子，但是如何把握爱的尺度，就是一个值得重视的问题。

明明白白你的爱

爱不是偶尔关心，也不是偶尔心血来潮。有这样一个孩子，在大雪天里站了两个多小时，因为他知道，自己病了妈妈才会给他一个"好脸"，会爱他。一个生命正蓬勃发展的孩子用心计获取爱是可悲的。所以，奉劝家长，这个"好脸"必须稳定而清楚地给下去。

爱存在于与孩子的沟通间

尽管你很忙，也要经常放下手中的事情，和孩子一起打闹、游戏、交谈，这样，孩子就会感受到你的爱和他在你心中的位置；这样他就可以做出许多让你为他感到骄傲的事情。

让孩子学会爱别人

在爱孩子的同时，还要告诉他要关爱亲人、朋友，否则长期下去，无私的你也会制造出自私的他来。

有许多的孩子，在与同伴交往时，只知道索取而不愿付出，不注重别人的感受、处境，这样自私的结果，只能使他在社交中被孤立起来，所以家长还要教育孩子学会关心他人。

"当一个人过分溺爱孩子时，他的爱便是反人类的"

有一种家长，把孩子视为宝贝，对子女百依百顺，把主要的精力都集中在子女的吃、穿、用上，从而养成了他们骄横、任性、唯我独尊的性格，这样只能培养出"小皇上"或者"小公主"来，家长们应该清楚这对孩子是有百害而无一利的。

我倒觉得不妨采取温柔加严厉的办法：温柔而富有爱心，清楚、理智地订立孩子必须遵守的原则，使之真心地关心别人。这样，他们的内心既充满了安全感和被人爱的感觉，也将会懂得要为自己的行为负责。

诺贝尔

从小立长志，终生常受益

"凡人须先立志"，人无志，则无以立，可见立志对孩子是巨大的自我激励，有非常大的教育意义。家喻户晓的发明家诺贝尔，从小就立志从事炸药研究，并为实现这一志向奋斗终生，他的成功不得不让人想起他的父亲。

智趣故事

诺贝尔出生于瑞典一个机械师兼化学家的家庭。他的父亲身为机械师，对化学实验有浓厚的兴趣，只要一有空就做炸药实验。他还常常给诺贝尔讲科学家的故事，鼓励儿子做一个有理想、有抱负的人。

一天，8岁的诺贝尔见父亲正在做实验，便问道："爸爸，炸药能伤人，是可怕的东西，你为什么要制造它呢？"父亲认真地说："炸药的用处很大，它可以用来开矿、修路，发展工业离不开它啊！"诺贝尔若有所思地点点头，对父亲说："那我长大了也要像你一样制造炸

名家简介：

阿尔弗雷德·诺贝尔（1833年—1896年），瑞典化学家、工程师、发明家、军工装备制造商和炸药的发明者。他在遗嘱中用他自己的财产创立了诺贝尔奖。

药。"父亲拍拍儿子鼓励道："造炸药需要很多知识，你要先读好书才行。"从此，诺贝尔便经常在父亲的实验工厂里，跟随父亲从事各种发明创造，并从中学到了许多知识。

随着年龄的增长，父亲意识到：要使孩子树立有献身科学的坚定志向，就必须使他真切地体验到科学研究对社会的作用和意义，必须让他接触世界先进的科学技术。于是，他决定支持儿子出国学习。

在历时4年的实习和考察期间，诺贝尔到大学研究所参观各种实验，与科学家、教授及大学生交谈，深入了解了各国工业发展的情况以及炸药的广阔应用前景。这一切使诺贝尔更坚定了小时候立下的从事应用化学研究和改进炸药的志向。考察回来后，他便明确地向父亲表达了这一愿望，并开始潜心研究。

1863年，经过反复的研究，诺贝尔终于成功研制出硝化甘油炸药。为了寻求更安全的引爆物，诺贝尔多次进行具有生命危险的试验。尽管他十分谨慎，但在一次试验中还是发生了大爆炸，5个助手，包括诺贝尔的弟弟当场被炸死，这就是轰动一时的"海伦坡事件"。

父亲目睹这一惨景，由于悲伤过度，得了半身不遂症，可他仍不停止研究、思索。父亲这种坚毅的发明创造热情，深深地激励着诺贝尔矢志不渝地研制和发明雷汞炸药、安全炸药等多种炸药，从而为人类作出了重大的贡献。

> 立志是事业的大门，工作是登堂入室的旅程。
>
> ——巴斯德

历史评说

我们得以无数次地领略诺贝尔奖获得者的风采，就源于诺贝尔将自己的全部财产捐献出来，奖励对人类的和平与进步事业做出卓越贡献的人。

即便是在今天，诺贝尔的父亲仍可称为家教的楷模。诺贝尔之所以能够执著于自己的事业，与他的父亲自幼就帮他明确自己的奋斗目标是分不开的。父亲不仅鼓励他从小立志，还以自己的行为影响他，即使是在自己卧床不起的情况下，父亲仍然坚持对炸药的研究，这对诺贝尔产生了深远影响。

教育孩子从小立志，立长志，这对其今后的学习和生活都将受益无穷。曾国藩是我国清代传统家教中独树一帜的人物，他反复告诫子弟：做人首先是立志，一个人有了志气才能有新作为，才能戒骄、戒奢。因此，对于那些"家有子女初长成"的家长来说，应当对自己孩子的具体情况细加分析，并引导孩子树立起自己的理想和志向。

立志有方向和程度的区别：爱国爱民是一种大志；长大做工程师、医生、教师是职业方向和文化素养的志向；决心每天做一件有助于人们的事也是一种立志。重要的是要有一个长久稳定的目标。

一次心理学家对某所学校的学生做了有关"长大后，你想干什么"的问卷调查，在其所设计的几十种答案中，70％的学生在电影明星、科学家、学者、市长、省长的选项上游移不定，索性来了个"多选题"。孩子对很多事情都会感兴趣，他们今天立志当一名飞行员，明天可能就又想当艺术家……可见他们心中所立下的志向是朝立夕改、"时时更新"的。

如果这种志向、抱负是在不断校正中趋向于更切合自身实际、更有益于社会，那倒也无可非议；倘若属于见异思迁、遇难而退，那就需要引起我们家长的重视了。因为这种心情浮躁、用心不专的习惯一旦养成，对于其今天的学习和今后的工作都将贻患无穷。

慧宝良方

怎样做才能有效地协助孩子从小建立一个长久稳定的目标？这对家长和孩子都提出了一个更高的要求。

孩子的志向不能"包办"

很多家长特别喜欢越俎代庖，替孩子做一些本该是他自己应做的事，甚至对孩子未来要做什么，也一手"包办"。但对孩子而言，这个志向只是家长的"一厢情愿"，不会对孩子的行为起到督促的作用。

抓住时机，引导立志

我国著名桥梁专家茅以升之所以会献身于桥梁事业，这与他从小所受到的教育是分不开的。南京秦淮河上有一座文德桥，有一年被游人挤塌，许多人掉到桥下淹死了。事后，家人带着茅以升观看倒塌的文德桥，使茅以升小小的心灵受到了很大的震撼，从此便立志要造坚固耐用的大桥。父亲听后连连称赞他有志气，还带他去看其他的桥，为他搜集各种桥的照片。茅以升的成长说明，家长要注重时机，引导孩子立志，并将其发展为孩子终生的志向。

家长应该注重生活中能够给孩子带来触动的机会，以激励孩子自主地立下志向。

"常立志"不如"立长志"

常立志容易，立长志难！孩子们有宏大的志愿，却缺乏实现志向的决心、恒心，这是实现志向的最大敌人。因此，在立志教育中要注意培养孩子自立自强、勤奋好学的素质，"板凳要坐十年冷"的决心和"咬定青山不放松"的毅力。

学会轻松实现目标

在生活中帮助孩子树立目标并实现它，对于孩子形成持久的志向，攻克难关非常有帮助。日本著名马拉松运动员山田本一的方法，家长们不妨借鉴一下：山田本一每次比赛前都把沿途比较醒目的目标画下来，比如，第一个是银行，第二个是棵大树……一直画到赛程终点。比赛开始后，他先奋力冲向第一个目标，再冲向第二个，40多公里的赛程就被他分解成几个小目标而轻松地就跑完了。

这样把一个总目标分解成一个个小目标，让孩子逐步达到的做法，有利于孩子朝着自己的志向努力，不至于"壮志未酬"便已经是疲惫不堪了。

阿道夫·拜尔

因机施教，事半而功倍

因机施教就是凭借特殊的时机、直观的事例适时实施教育的一种方法。为人父母，纠正孩子的某些缺点和不当的行为，进行批评教育和诱导是很正常的，而把握教育的时机和方法，更有利于培养孩子良好的习惯。德国著名的诺贝尔奖获得者拜尔，其父母即因善于因机施教，而使拜尔终生受益。

智趣故事

拜尔的父亲原先是位陆军中将，虽然文化不高，但很爱好自然科学。

一天，拜尔又缠着正在学习的父亲陪自己玩，母亲说："爸爸妈妈现在尽心尽力，使我们的家庭生活丰富多彩一些。你长大了，可要使我们的世界更加多姿多彩一些啊！"聪明的拜尔说："我也要像爸爸那样，好好学习。"

拜尔 10 岁生日，父亲照例早餐后就伏案攻读，母亲则领着他到外婆家消磨了一整天。小拜尔有点不高兴了，撅着嘴巴问："妈妈，为什么爸爸不和我们玩。"

名家简介：

阿道夫·拜尔（1835 年—1917 年），德国化学家。因成功分析出吲哚的结构而获得 1905 年诺贝尔化学奖。

母亲开导拜尔说："现在他跟你一样，正在努力读书，明天还要参加考试呢，我不愿意因为你的生日耽误了他的学习。"小拜尔懂事地点点头，从此他学习更加用功了。

拜尔就读著名的柏林大学时，该校年轻有为的贾古拉教授成了德国有机化学的权威人士。一次，拜尔对父亲说："贾古拉只比我大6岁……"父亲听到拜尔语气中有轻视的味道，就生气地质问："只大6岁又怎么样？难道就不值得你学习了吗？我读地质专业时，老师的年龄比我小30多岁的都有，难道我就不要学习了？"父亲的质问，使拜尔深感惭愧。

从此，他牢记父母的一言一行，秉承父亲好学的精神，几十年如一日，终于做出了卓越的贡献。

历史评说

孩子过生日了，父母怎么办？拜尔的母亲是以父亲教诲儿子要有理想有志向，珍惜时间，努力学习。这样及时地抓住教育的时机，以榜样的力量激励拜尔去拼搏、奋斗，可以说，生动的教育效果胜过了枯燥的说教。

拜尔的父亲是一位"严父"，但他严中有爱，严中有理，严到"关节"上；并以自己的"不耻下学"来教育儿子，使拜尔懂得人要谦虚不自满。所以当校长问拜尔以后的去向，拜尔马上想起了父亲那深沉的声音，于是从人群中请出了年轻有为的贾古拉教授，对校长说"我要追随他！"

> 一个家长对自己的要求，一个家长对自己家庭的尊重，一个家长对自己每一行为举止的注重，就是对子女最首要的、也是最重要的教育方法。
>
> ——马卡连柯

拜尔的父母告诉了我们要因机而施教的道理：父母

对子女进行教育，要善于选择典型事例，善于捕捉恰当的时机，只有这样才会收到事半功倍的效果。要善于寻找生活中的实例来教育孩子，才能起到让孩子牢记在心，并按照父母的教导去做的目的。

现在有许多父母在进行家庭教育时，经常苦恼这样的问题：告诫了孩子许多次，说的时候孩子点头知道，转过身就忘了，越来越不听话；教育多次之后，发现他的表现还是与自己的期望相反……这令许多家长都百思不得其解，是什么原因，使我们的孩子像吃了"健忘草"，又像是砧板上的"滚刀肉"呢？

慧宝良方

同样是教育孩子珍惜时间，拜尔父母的办法看来奏效得多。因此，家长应该注意要因机、因时、因事施教。既然是"因机"，那么首先要有一个特殊的"机缘"，这个机缘可以是随机的，也可以是父母留意制造的。但它应该具有特殊的教育意义，能够发人深省，使人引以为戒；再对事情灵活地展开分析，引起孩子的思考。

例子可以是正面的，也可以是反面的

寻找合适的"例子"，可正可反，但一定要把道理给孩子分析明白，否则反而会引起孩子思想上的偏差。现在电视上经常报道一些社会阴暗面，这在一定意义上起到了警示的作用，家长可以为孩子剖析那些案例的实质，知道哪些是应该做的，哪些是不应该做的。如果看完便罢，年少的孩子或许会对其揭示的内容产生曲解。

"机不可失，时不再来"

家长还应注意找准时机，一旦机会来了，就要及时地教育。比如孩子考试得了好成绩的时候，教育孩子不要骄傲自满，要继续努力；孩子和朋友争吵了，要教育孩子和气忍让，搞好团结。这样不失时机地教育孩子，总比"时过境迁"以后再毫无针对性地进行空洞的说教效果好。

马克·吐温

培养同情心，使孩子成为高尚的人

富有同情心的人常常是正直善良、充满爱心的，这样的人，当然也能获得别人的喜欢和拥戴。享誉世界的著名作家马克·吐温才华横溢，在其作品的幽默诙谐中蕴涵了对贫苦人民的无限同情和关怀。为此，美国人称他为"我们文学上的林肯"。而他这样博爱的胸怀，则来自他那勇敢而善良的母亲。

智趣故事

美国作家马克·吐温出生在美国的一个小村庄，他的父亲去世得很早，全家的生活重担都落在了母亲简·兰普顿一个人的肩上。

简·兰普顿虽然是个瘦小的女人，但她勇敢正义、意志刚强，且心地慈善，使马克·吐温深受其影响。一次，简·兰普顿带着马克·吐温上街买东西，正巧遇到一位赶车的粗汉挥动着鞭子在打马

名家简介：

马克·吐温（1835年—1910年），美国的幽默大师、小说家、作家，也是著名演说家。堪称当时美国社会最知名的人士之一。

的头，直打得那匹马不知如何是好。她越看越来气，猛地蹿过去夺下了那人的鞭子，还斥责他虐待马匹。那人开始时吓了一跳，随后又感到哭笑不得，但他还是向她认了错，并表示要"改过自新"。简·兰普顿这才归还了鞭子，心平气和地继续赶路。

凡此种种，全被马克·吐温看到眼里，记在心中。他常常为母亲的勇敢而骄傲，并决心学习母亲那种大无畏的精神，将来也做个见义勇为的男子汉。

有一段时期，他们家从汉尼巴尔雇了一个小黑奴，名字叫桑迪。桑迪的老家在马里兰东海岸，后来经过多次转卖，卖到了半个美洲大陆以外的地方。

桑迪生性活泼，天真烂漫，每天都笑啊，叫啊，显得疯疯癫癫。马克·吐温被他吵得受不了，便跑到母亲面前去告状，还提议把他关起来。母亲听罢，先流起了眼泪，接着颤抖着嘴唇说："可怜的孩子！他唱，说明他不是在想家，我也就能宽一点心了；如果他默不作声，就可能是在想他的亲人了。他再也见不到他的妈妈了。他要是有心情唱歌，我们还真该谢天谢地呢！"她抹了一下眼泪，又对儿子说："你再大一些，就会懂得我的意思了。那时候，你若听到这孤苦伶仃的孩子的吵嚷声，你也会高兴的！你应该多和他接触才是。"

这朴实无华的话语，深深地打动了儿子的心。从此，马克·吐温对桑迪的吵闹声再也没有烦恼过。相反，他还越来越同情黑人，后来还为改变黑人的地位而呐喊，并写下了不少反对种族歧视的作品，如《一个真实的故事》、《傻瓜威尔逊》等。在这些作品中，他对黑人表示了深切的同情。

历史评说

许多年以来，马克·吐温一直被人们称为"美国文学上的林肯"和"美国民族遗产的真正鼻祖"，他的个人魅力与他的文学作品一样远播海内外。无疑，他那些正义、善良、富有同情心的品格与他母亲简·兰普顿的言传身教是密不可分的。

马克·吐温的母亲热情宽厚，善良慈爱，充满了正义感，更有丰富的同情心，这方面非常值得现代家教学习借鉴。母亲高尚的品德使他深受感染，使他也成为了一个心地善良、富于感情的人，并用自己的智慧为社会作出了巨大的贡献。

作为父母，也许你不能给孩子富裕，不能给他英俊和美丽，但是你可以塑造他高尚的品质，使孩子的人格趋于完整。善良、富有同情心是一种良好的道德，拥有这样的高尚情操才能够站在他人的角度考虑问题，去体谅他人的感受，并给予别人宽容和帮助，这同时也会换来别人的尊重与帮助。

另外，教育孩子同情他人所得到的回报是无限的。同情他人的孩子一般都不会霸道，也更能从事对社会有益的事情，树立起对人、对社会的责任感，从而建立起良好的社交关系、人际关系。这样的孩子更能得到同伴和大人的喜爱，他在学校和日后的工作中获得成功的机会也会更多。

如果孩子单纯地追求知识丰富，而没有同情心、责任感，他也就不会去考虑别人的感受，这样他很可能会因为受到一些物质的、轻浮的事物所吸引，而给亲人或周围的人造成不愉快甚至是痛苦。

教育家库山曾写道："有的父母因为担心孩子们会对他们不理不睬，因而不规定禁止孩子晚上外出的时间，还有些父母因为怕被孩子骂成'白痴'、'笨蛋'，就不敢对孩子要求什么"，这是多么大的悲哀啊！

一个没有责任感、没有同情心的孩子，是心理残缺的孩子，既不利于孩子的成长，更不利于孩子的未来。
——布鲁斯·卡娅

慧宝良方

其实，如果每个父母都从小事做起，把同情心、爱心植入孩子的心田深处，那么这就意味着给了孩子成功的人生。

发挥榜样的力量

孩子同情心的发展需要父母的言传身教。如果父母是富有同情心的人，那么在无形中，孩子也会受到感染，成为一个富有同情心的孩子。

在生活中我们会发现，孩子会经常采用父母安慰他的方式来安慰别人。父母要做出良好的榜样，还包括对其他孩子也要很敏感、很关心。如果孩子有了不关心人、邪恶甚至残忍无情等"非天性"的行为，那么多数情况下可以在他的家庭中找到原因。

教育孩子考虑别人的感受

为了令你的孩子具有一颗同情心，你应该让他在遇到事情的时候，多考虑一些别人的感受，并和孩子认真讨论一下，如果是他处于与别人同样的境遇，那么他会是怎样的感受。

美国有一个教授曾经介绍过他们的方式。他们让学生自愿参加社区服务，比如给无家可归者发放救济餐。孩子做了这些事情之后再回来讨论其感想，有个孩子说："我以前看不起他们，他们是失业者，是肮脏的。但同他们接触之后，才发现他们与我们一样，每天早上也希望能洗个热水澡，能吃一顿饱饭。他们只是因为生活的不幸和社会的不公正才变成现在这种样子。"

教会孩子随时随地做好事

教他如何"随时随地做好事"，是培养孩子同情心的最简单也是最有效的方法。一度，《随时随地做好事》一书，曾在美国掀起了全国性的做好事运动。书中讲述了做好事何等深远地影响他人的生活，比如为别人让座，探望生病的朋友，等等。当善良成为一种习惯的时候，你会欣喜地发现孩子们因为这些而变得更快乐，更乐于做有利于他人的事情，也更富有同情心。

李普曼

让家庭成为养成良好习惯与作风的基地

"播种行为，收获习惯；播种习惯，收获性格；播种性格，收获命运。"毋庸置疑，良好的生活习惯、行为习惯，以及学习习惯，将影响人的一生。加布里埃尔·李普曼是法国著名的科学家，诺贝尔奖获得者。他的成功便得益于从小时候起，他的父母就注重对他好的习惯和作风的培养。

智趣故事

李普曼出生在卢森堡，3岁的时候，他的父母感到在他们生活的环境中，整天接触的都是达官贵人、小姐阔少花天酒地的生活，这必然对孩子的成长产生不良的影响。为了使儿子养成良好的生活作风和生活习惯，他们带着儿子回到了自己的祖国——法国，并在巴黎的拉丁区住下，因为那里是当时文化氛围最浓的地区。

李普曼的父母知书达礼，又做过教

名家简介：

李普曼（1845年—1921年），法国著名物理学家，他因发明彩色照相技术而于1908年获得诺贝尔物理学奖。此外，他还发表了李普曼干涉定律。

师，知道如何教育子女。他们对李普曼非常喜爱，可从不放宽对儿子的严格教育。家里生活虽然富裕，却不允许儿子胡乱用钱。他们经常教育儿子："把自己的东西分一半给小伙伴，不是自己的东西不要拿。"在日常生活中，也反复告诫儿子："东西要放整齐，用过的东西要及时地放回原处，而且要放好。"每次吃饭的时候，总是要求儿子："吃饭之前要洗手，要注意卫生。"

一次，母亲发现儿子做功课的时候三心二意，"坐不住凳子"，一问之下才知道，原来是有小伙伴找他出去玩。母亲把他拉过来说："我知道你想出去玩，但是你的作业还没有完成。如果你尽快地把自己的事情完成好了，我是不会阻拦你的！"小李普曼点点头，并开始认真地做起作业来。

为了能够使李普曼成为有用的人才，他们对巴黎的中学做了认真的分析和调查，决定送儿子到亨利第四中学去学习。这所学校有着一套行之有效的管理制度，对其学生管理严格，教育有方，学生也都刻苦学习，个个奋发向上。李普曼进入这所学校后，受到了良好的熏陶，为他后来的深造打下了牢固的基础。

正是因为父母的精心教育，李普曼良好的习惯才能在这样一所严肃的学校得以巩固和提高，也才使得他在人生性格成熟最重要的阶段，树立了谦虚好学、埋头苦干、奋发向上的精神，并最终成为德才兼备的科学巨匠，在光学、热学等方面都取得了丰硕的成果。

历史评说

李普曼是幸福的，也是幸运的。他生活在一个美满的家庭，其父母有丰富的教育经验，对李普曼既严格要求又不失民主。为了给儿子创造一个良好的成材环境，他们放弃了自己的事业；平时从吃饭穿衣这样的点滴小事入手，培养李普曼养成良好的生活和学习习惯；同时，在儿子成材最关键的时期，又能够狠下心来，把他送到一所纪律严明、教学严谨规范的学校去学习，以期巩固、强化孩子的良好习惯。"良好的开端是成功的一半"，这些好习惯让李普曼受益终生。

> 家庭是社会的一个天然的基层细胞，人类美好的生活在这里实现，人类胜利的力量在这里滋长，儿童在这里生活着，生长着，这是人生的主要的快乐。
>
> ——马卡连柯

事实上，教育的过程就是让孩子养成良好习惯的过程。爱读书的习惯、勤于思考的习惯、严于律己的习惯、举止言谈礼貌谦逊的习惯……这些好的习惯对孩子的健康成长是极为有益的。一旦养成了良好的生活习惯，在生活上和与人交往的时候，不需要刻意提醒，这些好习惯就会自然地流露出来。同时好的学习习惯也会自觉地培养起来。

我国著名的教育家叶圣陶说过："中小学的根本任务就是培养学习的习惯。"因为在人的一生中，无论是工作还是生活都离不开学习，只有热爱学习、善于学习的人，才能在事业上不断获得成功。由此可见，形成一个好的学习习惯是非常有必要的。学习习惯有好坏之分，孩子自觉地学习，预习、复习，专注认真，善于思考提出问题，这些都是好的习惯。相信许多父母都在为培养孩子的好习惯而绞尽脑汁。

当然，也有的家长对此却很疏忽，总认为孩子还小，"树大自然直"，对孩子做事少闻少问，对其正确的行为缺乏鼓励强化，对其错误的行为则没有坚决制止。这种想法是不可取的，一棵弯弯曲曲又有枝枝杈杈的小树，长大还能直吗？久而久之，这些问题必然会变得越来越突出，从而使其养成许多坏习惯。

慧宝良方

前苏联教育家马卡连柯说："正确、合理和适合标准的儿童教育，比做再教育工作容易得多。"因此，父母应密切关注孩子的习惯，适时给予其鼓励、引导或制止、纠正。

家长要处处以身作则

仅仅掏钱把孩子送进学校，是远远不够的。"让孩子养成良好习惯最为有效的途径，就是给你的孩子做出好的榜样，让孩子向你看齐，只要你能够在行为举止方面给孩子做个好榜样，他们迟早会效仿你的。"

培养良好的生活习惯、行为习惯

★建立生活规律。孩子的自制能力比较差，因此，需要家长制定规则，由小事着眼，对其提出要求，及时督促孩子的行为。

★自己的事情自己做。劳动不仅能使幼儿增长知识、增强责任心，还可以培养幼儿做事有条不紊、有始有终等良好品质。

★培养孩子良好的生活、行为习惯不是轻而易举的事，要做好"长期作战"的心理准备。

培养良好的学习习惯

★改变孩子的"心猿意马"。注意培养孩子专心致志的、注意力集中的习惯，家长要经常提醒孩子上课要聚精会神，不要受外界干扰，并在家里为其营造一个合适的学习环境。

★锻炼认真细致、独立思考的能力。督促孩子养成自己检查的习惯，鼓励孩子多问多想，使其通过自己的努力解决学习上的问题。

★养成读书看报、预习、复习、做笔记等习惯。家长应该尽量地为孩子创设一个阅读环境，培养孩子的阅读兴趣，还可以指导孩子做笔记。通过培养孩子的预习、复习等能力，提高孩子的自学能力，并使其做到"温故而知新"。

托马斯·爱迪生

从笨蛋到发现，从信任到成功

　　世界上没有两个完全相同的孩子，就像没有两片完全相同的叶子一样。每个孩子都是独一无二的，体察孩子的优点和需要，从小培养，才能让孩子充分地发挥他的潜质。爱迪生的母亲正是因为发现并相信儿子的"独一无二"，才能引导他走向成功。

智趣故事

　　有一次，在数学课上，爱迪生问："老师，2加2为什么等于4？为什么不可以等于5呢？"老师大怒，他厉声训斥道："爱迪生，你故意捣乱，给我出去！"于是爱迪生委屈地奔出了教室。

　　回家后，他把这件事情告诉了母亲南希，"我只是想知道加法的道理，可是老师却骂我。"南希听了儿子的叙述后，很是生气，她认为那位老师根本就不懂学生的心理。于是她来到学校，没想到

名家简介：

　　托马斯·爱迪生（1847年—1931年），美国发明家、商人。1892年创立通用电器公司，共拥有包括爱迪生1093项专利的24414项专利，爱迪生被视为当代发明最多的人。

那个老师却说："从没见过这么笨的学生，糊涂虫。"校长也跟着说："他是低能儿。"并要开除他。南希非常气愤，她大声地说："我的儿子托马斯·阿尔瓦·爱迪生是个有头脑的孩子，要比那位教师更有头脑。"最后南希决定把孩子领回家自己来教育。

南希给他讲文学、历史，当同龄的孩子还在读童话的时候，爱迪生已开始阅读《英国史》《大英百科全书》等大部头著作。在母亲的精心培育下，爱迪生的求知欲越来越强，尤其喜欢物理化学，于是南希给他买了著名的《派克科学读本》做主要教材，最后南希还说服爱迪生的父亲，把自家的小阁楼腾出来给他做实验。

每当长大后的爱迪生回忆起被学校劝退的一幕时，总是不无感激地说："母亲对我的影响让我终身受益，她富于同情心，绝不会误解我，看错我。"

历史评说

爱迪生是幸运的，因为他的母亲给了他足够的信任，使他的信心和好奇心得到了保护。

南希没有听信老师的一面之词，这并不意味着她是无原则地溺爱孩子。只是南希认为孩子的求知欲应当保护，因材而施教才是教育孩子的良策。她通过自己的细心观察，发现儿子在物理方面有极大的兴趣和特长，于是耐心而细致地引导他，并极力创造条件，满足孩子学习和实验的需要，使得爱迪生这棵科学的幼苗能够得以茁壮成长。

一句话或许并不能够成就什么，可是对于一个人的成长历程来说却是无比重要的。难以想象，如果南希不了解自己的儿子，而是轻信那个老师的话，将儿子痛骂一顿后再将其送回学校，那么说不定人类历史上就会少了一位大发明家。

有的人擅长逻辑思维；有的人擅长形象思维；有的人虽然记忆力差，但精于思考；有的人智力平平，但意志顽强。看不清自己孩

子的优势和劣势，就对他们失去信心，这是许多父母容易犯下的大错，会伤害到孩子的自尊心和自信心。事实上，任何一个正

> 爱迪生幼年的故事，给了我两个深刻的印象：一是科学要从小孩学起，二是科学幼苗要像爱迪生的母亲一样爱护才能保全。
>
> ——陶行知

常的孩子，总有这样那样的优势。有一首歌唱得好，"借我借我一双慧眼吧"，称职的父母倒不如"借来"一双慧眼，把孩子的这一最重要的"精神生长点"看个清清楚楚、明明白白。

可是很多人就不那么幸运了。在学校里考试不及格；总是闯祸；老师同学都称其笨，是个调皮捣乱的孩子；认为"还有什么药可救？"转过头来想投在父母的怀里找点安慰，迎来的却是父母一脸的失望和恨其不争气的样子。父爱母爱骤然降温，"这么笨长大以后能做什么？"可是家长在训斥孩子的同时，是否意识到自己的孩子或许在另一方面超出了同龄的孩子呢？

曾经颇受媒体关注的"韩寒现象"，说的是一个叫韩寒的高中生，因热爱写作而被退学。此处我们暂且不考虑这是否违背"全面发展合格人才"的要求，当然也不鼓励让孩子做个"瘸腿"的人才，但是我们却不能对他创作的市场上热销的小说视而不见，这至少可以证明韩寒的父母并没有因为自己的孩子其他成绩糟糕，就认为他是个弱智；而是体察到他的长处，从而对其采取了保护和支持的态度，并更进一步地开发他。

慧宝良方

人的智力是由许多因素组合而成的，而兴趣、意志更是异彩纷呈，难分高下。作为父母，必须努力了解孩子的特点，发现其优

势与弱点，多给出一份信任，即便他的功课与 100 分无缘，也未必就真的是"朽木不可雕"。

端正家庭教育的态度和方法

家庭是孩子的第一所学校，子女的健康成长在很大程度上取决于家庭教育。父母应采用民主型的方式，对孩子的优势给予保护和鼓励，并且也要体谅孩子的劣势，而不是一有缺陷，就严厉地批评。

做个细心的家长

"知子莫若父"，然而许多家长却并不知道孩子的兴趣，更不了解孩子的长处。作为父母应多与孩子一起接触、活动，从日常生活的细节中，发现孩子的特点与禀赋，对于孩子优异和好的方面，给予积极的支持，引导孩子加强这方面的训练与锻炼，做个细致尽心的家长。

信任是最大的鼓励

在现实生活中，许多科学家在幼年的时候，都有着"打狼儿"的经历。我国一位著名的数学家的作业曾经拿过零分。但是他们的家长并没有因此而丧失信心，放任其自流，而是发掘他们的长处，给足了他们信任和鼓励，踏踏实实地引导他们学习前进。这给了我们的父母很好的启示，另一方面，要切忌粗暴干涉，简单否定，更不能用"不务正业"、"没出息"之类的词进行挖苦、讽刺。

当然，父母也要努力提高自身的素质，紧紧跟上时代的脉搏，接受新鲜事物，从而更好地了解孩子的心理特点，掌握有效的教育方法，这样你们的孩子才能到达瑰丽的云端。

巴甫洛夫

培养非智力因素，助孩子成功一臂之力

非智力因素，顾名思义，是指与智力没有直接关系的意志、兴趣、性格、抱负、心理素质，等等，但它却能直接影响着一个人的一生。这也是为什么许多人智力平常，却能够获得成功的关键。俄国生理学派创始人巴甫洛夫，毕生从事生理学的研究，并荣获诺贝尔生理学奖或医学奖，他的成功便是智力因素和非智力因素的完美结合。

智趣故事

巴甫洛夫出生在一个贫穷的家庭，即便如此，他的父母对子女的文化教育也毫不放弃。

他们有一个共同的观点：再穷也要让孩子读书。于是巴甫洛夫一到上学年龄，父母就将他送进了当地的教会学校。

巴甫洛夫的父亲有一个嗜好，就是十分喜欢读书。他非常注意培养儿子爱读书、注意观察事物和动脑筋的习惯。

名家简介：

巴甫洛夫（1849年—1936年），俄国生理学家、心理学家、医师。1904年因为对消化系统的研究而得到诺贝尔生理学和医学奖。

巴甫洛夫常常一连好几个小时蹲在蚂蚁洞穴旁边仔细观察，他见到蚂蚁能搬动比自己身体大好几倍的土粒或昆虫的尸体，便感到非常惊奇，"蚂蚁为什么会有这么大的力气呢？为什么它们一天忙到晚也不觉得累呢？"虽然小小年纪的他还找不到答案，但他却已在心中滋生了一种探索自然奥秘的愿望和兴趣。

父亲还十分重视对孩子的劳动教育。巴甫洛夫常常白天到果园干活，晚上帮助母亲洗碗。在劳动中，父亲总是表现得很有耐性和毅力。年幼的巴甫洛夫跟着父亲干活，很快就感到手麻腰酸了，但他看到父亲执著的神情，便也坚持干完才休息。劳动教育使巴甫洛夫从小做事就有毅力和耐性。这种耐性也是巴甫洛夫日后成功的重要因素之一。

除此之外，巴甫洛夫的父亲对孩子的体育活动也很重视。在他家的菜园里，父亲为孩子们设立了双杠、秋千、跳高架等。由于父亲的关心和鼓励，巴甫洛夫从童年起就爱好各种体育运动，因此他从小就精力过人、热情、开朗，又充满自信。

15 岁那年，巴甫洛夫在父亲的书架上看到了一本名为《日常生活的生理学》的小册子，书中的内容激起了他对生理学的极大兴趣。于是，巴甫洛夫向父亲表达了自己希望这一志向，虽然父亲本来的愿望是希望儿子做一名传教士，但他还是尊重了儿子的兴趣和选择。

从此，巴甫洛夫便潜心于生理实验研究，并先后在血液循环、消化系统等领域获得重大发现，最终成为世界上最伟大的生理学家之一，实现了他造福人类的崇高理想。

历史评说

晚年的巴甫洛夫在总结自己走过的道路时，常常带着感激的心情回忆起父母对他的培养和教育。直到今天，巴甫洛夫的父母对儿子非智力因素的培养，仍然值得当代父母们借鉴。

巴甫洛夫的父母注意从小培养孩子热爱读书的习惯和仔细观察

的能力，使巴甫洛夫从童年起就树立了崇高的志趣；同时，他们注意对孩子的劳动和体育教育，在这个过程中，养成了巴甫洛夫做

> 优秀的性格和钢铁的意志，比智慧和博学更重要，智力的成熟，很大程度上是依靠性格的，这点往往超出人们通常的认识。
>
> ——爱因斯坦

事持久的毅力、耐性和定力。这种从小形成的稳定的兴趣、爱好、性格等，为巴甫洛夫的成功奠定了坚实的基础。

时至今日，已经有越来越多的人认识到非智力因素对于一个人的成材起着不可忽视的作用。在一次对美国学者推举的150名最成功者和最不成功者的分析中发现，二者的主要差别有四个方面：取得最后成功的坚持力；不断积累成果的能力；自信心和克服自卑感的能力；适应能力。而这四个方面的差别，则主要表现在非智力因素上。

进化论的创立者达尔文小学时的智力水平并不出众，他也把自己的成功归结为良好的非智力因素："我的成功，最重要的是：爱科学；在长期思索任何问题上的无限耐心；在观察和搜索事实上的勤勉；相当的发明能力和常识。"

而一个智力水平较高的人，如果他的非智力因素没有得到很好的发展，那么他往往也不会有太大的成就。据说，楚霸王项羽年少时对待学习用心也不专一，读书识字不多久就没兴趣了，而想去学剑术；练剑时间不长又腻烦了，又欲学兵法。结果，项羽少年时代养成的这种坏毛病，给他日后的"霸王事业"留下了隐患。

慧宝良方

相信看到这里，家长们的心中都清楚了这样的关系：成材＝智力因素＋非智力因素。那么，我们应该如何帮助孩子形成良好的非

智力因素呢？

兴趣是儿童成材的动力

兴趣对于任何一个人的学习活动来说都非常重要。哲学家卢梭告诫广大父母："只有儿童本人有兴趣和愿意获得的那些知识，才会巩固而长久地保持在他的记忆中。"因此，最有效的办法就是利用孩子对某种事物的好奇心，来引导他们对知识的渴求。

家庭是陶冶孩子的基地

营造知识氛围，促进孩子的求知欲望和创新动机。

营造和谐氛围。家庭各成员互相关心，和睦相处，可使孩子在融洽、轻松的环境中，学会关心别人，乐观，热情，学习效率高，心理健康愉快。

营造民主氛围。调查表明，成长在民主气氛中的孩子，更容易建立自信、自尊、自爱的人格。因此，父母应在孩子的行为中不断寻找其值得赞许的地方，帮助孩子成为有个性的人。

意志力是成材的基石

俗话说：宝剑锋从磨砺出，梅花香自苦寒来。意志对人来讲，和天资聪明是同等重要的。因此，家长要尽量帮助孩子树立正确的学习目标和不断进取的精神。在实际生活中要随时随地注意磨练孩子的意志，鼓励孩子克服困难，实现目标。

打造优秀的性格特征

良好的性格对社会有积极意义，能使人上进，奋发图强。有句话叫做"江山易改，本性难移"，也就是说，性格一旦形成就不易改变。善于把握机会的家长，会在孩子的幼年时期，鼓励他积极参加集体活动，参与劳动和体育运动，等等。许多良好的性格特征，如诚实、乐观、自信、勇敢，善于独立思考，善于观察，具有独立性等，都能够得到培养。要知道良好性格的形成，并非是孩子个人的事情。

玛丽·居里

三育并举，让孩子德智体全面发展

　　要想使孩子成为品德、才能和健康三位一体的理想的人，必须对他进行德智体的全面教育。世界最杰出的女性之一的居里夫人，她的父母正是重视了这三方面的教育，才造就了居里夫人这位杰出的女性。伟大的科学家爱因斯坦在悼念居里夫人的时候，更是这样评价说："她是唯一一个没有被荣誉腐蚀的人……这些功绩之所以能取得，不光要有大胆的直觉，还要有在难以想象的极端困难的条件下工作的热忱与经验，居里夫人克服的困难，在实验科学的历史上实属罕见。"

智趣故事

　　玛丽·居里出生在波兰。玛丽从小就喜欢父亲的工作间，那里摆满了父亲教学用的仪器，如玻璃管、小天平等，玛丽觉得那些东西很有趣，不时地问父亲："这是做什么的？那是干什么用的？"父亲总是和蔼地告诉她一些简单的用途。

　　玛丽童年时，波兰被沦为俄国的殖

名家简介：

　　玛丽·居里（1867年—1934年），波兰裔法国女物理学家、放射化学家。1903年获诺贝尔物理学奖，1911年获放射化学诺贝尔化学奖。

民地。沙皇为了泯灭波兰人的民族意识，规定俄语为正式用语。玛丽的父母都是具有强烈爱国主义思想的知识分子，父亲常对孩子们说："土地可以被夺走，知识却是压迫者夺不走的东西。罗马征服了世界，但希腊文化却征服了罗马。"并教育孩子们要为祖国多学知识。晚上，全家人还围在一起，听父亲大声朗诵波兰文学作品，讲故事，背诵诗歌。父亲还用形象的语言，将他丰富的科学知识讲给孩子们听。

玛丽学习十分刻苦，由于用功过度，她的体质大大下降了。父亲非常关心玛丽的健康，并安排她到乡下叔叔那里去住。在那里，叔叔每天带着玛丽到森林去散步、滑雪和骑马。一年的工夫，玛丽的身体得到了恢复，知识也增长了不少。于是她又回到了父亲的身边。

这时，玛丽面临着一个严峻的问题：沙皇规定，只有男人才能接受高等教育，玛丽要升学，只到法国或者瑞士去。为此父亲十分懊恼和抱歉："我想给你最好的教育，送你到外国继续求学，但是我没有钱，不能帮助你了！"话未说完便已是潸然泪下。

玛丽十分懂事，她安慰父亲说："爸爸，别难过，我还年轻，能自己挣钱上大学，决不会辜负您老人家的一片苦心！"为了挣钱出国留学，玛丽当了家庭教师。在当家教的 6 年时间里，她始终坚持自学，遇到不懂的问题就写信给父亲，父亲也总是详细地为她解答。

1891 年，在全家人的帮助下，玛丽终于筹够了钱，踏上了去巴黎的求学之路。后来，已成为居里夫人的她为证明和分离放射元素作出了巨大的贡献，并获得了诺贝尔奖。

历史评说

居里夫人的一生逆境多于顺境，充满了坎坷，但是她始终能不畏艰难，奋发努力。那么是什么样的动力，使她克服重重困难，并为自己的奋斗目标献出了毕生的精力？这种动力来自于她对科学的挚爱和崇高的爱国情感，源于父母的熏陶和全面的教育。

一是从德育抓起，培养玛丽的爱国情感。父母在波兰沦陷的日子里始终坚持对孩子的爱国主义教育，使玛丽心中从小就埋下了热爱祖国，为拯救祖国多学知识的种子。

二是重视智育，从小激发她的科学兴趣。父母在种种困难下，仍在想方设法送她出国学习，并一直关注女儿的研究，不断鼓励她克服难关。

三是注重体育，练就健康的身体。玛丽深深体会到锻炼身体的重要，她曾说："科学的基础是健康。"并且在以后几十年紧张的学习和研究中，她都很重视锻炼身体。

可是在现实生活中，家长却往往对智育重视有余，而对体育、德育则重视不足。

对于体育的忽视，体现在孩子的身体协调性下降，这从每年大考前期保健品热卖、"氧吧"生意火爆的场面中就可以看出来。许多学生，因为身体虚弱，加上神经紧张，不得不靠吸氧来补充精力。这样的身体不禁让人为他们担忧，他们如何能胜任以后繁重的学习和工作压力。

> 理想的人是品德、健康和才能三位一体的人。
> ——木村久一

如果说对体育的忽视只能伤及到个人的话，那么对德育的忽视，则更让人忧心忡忡，因为它关乎民族尊严。

无怪乎著名教育家斯特娜夫人说："只重视体育，孩子将成为社会上的兽人；只重视智育，孩子会成为弱不经风的病夫，或者成为社会上的恶棍；只重视品德会成为病夫、懦夫。这种人对社会、对人类都是无用的。"

慧宝良方

由上可知，德智体三方面并举，才能算是对社会有用的人。下面是一点建议：

德育

★ 要培养孩子爱祖国、爱人民的感情。当然，在孩子幼儿园时期就抽象地提出爱国主义教育是不客观的，但家长应该让孩子从小就明白升国旗时要肃穆庄严，并通过生活中的小事点滴灌输，教育他们哪些行为是危害国家尊严的，是不应该做的。

★ 要特别注重让孩子们从内心去尊重别人，发自内心地对别人有礼貌，有同情心。

★ 以身作则，培养孩子的优良品质和生活习惯，要诚实、公正，不能因为个人私利而损害他人的、集体的利益。

智育

★ 开发孩子的学习兴趣，因材施教。激发孩子的好奇心和求知欲，引导他对科学知识的探求。

★ 重视孩子的智力因素。培养孩子丰富的想象力、创造力，敏锐的观察力，及勤于思考的能力。

★ 培养非智力因素。帮助孩子树立远大的理想目标，培养意志力和乐观、自信等性格。

体育

★ 体育锻炼可以与劳动和游戏相结合，让孩子在愉快的氛围中得到锻炼。

★ 家长带动孩子一起制定活动计划，比如每天早上晨练，或者周末的登山、游泳等运动。

★ 鼓励孩子参加学校和社会组织的体育活动或者比赛，还可以针对孩子的个人素质喜好，让他们专门学点体育技能。比如打乒乓球，它不仅能锻炼孩子的身体，对孩子的视力和大脑也有极大的好处。

爱因斯坦

激励，每个孩子都可能创造奇迹

经常有家长喜欢用表现很好的孩子做"标杆"，以激励自己的孩子不断地朝"标杆"靠拢，希望能收到好的效果，但有时候却适得其反。伟大的科学家爱因斯坦小的时候，也受到了来自家人的激励，但这种激励却激发了他前所未有的兴趣。

智趣故事

爱因斯坦出生于德国，父亲海尔曼是个电气工程师，母亲玻琳温文尔雅，弹得一手好钢琴。爱因斯坦是家中唯一的男孩，父母对他十分疼爱。

爱因斯坦6岁就上了小学。他性情孤僻，与同龄孩子相比，显得十分木讷。一位亲戚说："小爱因斯坦太严肃了，他是不是有什么问题？"母亲马上否认说："他是沉静的，因为他常常思索。等着吧，总有一天他会成为一名教授。"尽管她自己心里也不踏实。

10岁的时候，爱因斯坦进入中学学

名家简介：

阿尔伯特·爱因斯坦（1879年—1955年），理论物理学家，相对论的创立者。在1921年获诺贝尔物理学奖。其主要成就为广义相对论、狭义相对论等。

习，他最感兴趣的是数学、物理、哲学。父亲海尔曼还请来了自己的弟弟做儿子的家庭教师。雅各布叔叔对爱因斯坦的成长，尤其是科学研究兴趣的培养产生了很大的影响。雅各布是个工程师，也是一位数学爱好者，还是一位高明的教师。雅各布微笑着说："代数嘛，就像打枪一样有趣。那一头藏在树林里的野兽，你把它叫做 X，然后一步步逼近它，直到把它逮住！"他又说："几何嘛，就更有趣了。你看⋯⋯"他在纸上画了一个直角三角形，标上了符号 A、B、C，并写出 $AB^2+BC^2=AC^2$ 这样一个公式，然后满脸神秘地对爱因斯坦说："这就是大名鼎鼎的毕达哥拉斯定理（勾股定理），两千多年前的人就会证明了。你也来试试看吧。"

那时，爱因斯坦还未学习过几何课程，不过，他却被这个定理深深吸引住了，于是他决心试一试。他每天苦苦思索，努力寻找证明的方法，一连三个星期，他总是坐在自己的小书桌前苦思冥想，终于在第三周的最后一天，独立地把这个定理证明出来了。爱因斯坦第一次尝到了发现真理的快乐。

16 岁那年，爱因斯坦告别父母，独自登上了开往苏黎士的列车，开始了其人生的新里程。经过 26 年的艰苦奋斗，爱因斯坦终于在 1921 年获得了诺贝尔物理学奖。

历史评说

爱因斯坦之所以能够成为世界上公认的最伟大的科学家，与其亲人的激励是分不开的。一方面是来自他的父母。虽然母亲对小爱因斯坦的木讷也是忐忑不安，但她却没有附和别人，也没有用侮辱的语言来刺激孩子，而是用坚定的话语，激励起他的自信心。

另一方面是来自他的叔叔雅各布富于激励性的语言和启发性的教育。雅各布没有直接教给爱因斯坦"勾股定理"，而是把定理抛给他，让他自己去思考，并说："两千多年前的人就会证明了。你也来试试看吧。"他的话带有一种信任和期望，这大大激发了爱因斯坦的潜能。因此他的创造才能被调动起来，其自信心也逐渐增强了。

激励是一种十分重要的教育方法，受到激励的孩子，能具有积极的人格特征。"源头活水天天来，水到渠成步步高"。家长的期望与信任，使孩子鼓起了信心，自然激励出他奋勇拼搏的无穷力量。这种期望，还能使家长在教育孩子的过程中不自觉地进行精神上的鼓励，并坚信这种鼓励和支持是值得的。

> 数子十过，不如奖子一长；数过不改也徒伤情，奖长易劝也且全思。
> ——颜元

激励往往是通过语言来传达的，它包括很多方面，比如鼓舞的语言、肯定且提出要求的语言、对比意味的语言，等等，甚至是适当的"激将法"。这些话语在一定程度上肯定了孩子有做某种事情的能力，认同了他的成功，并督促他取得新的成绩。

许多为人父母者都不约而同地使用过这个办法，但是却大呼"失灵"，这是为什么呢？让我们来看看他们是怎么激励孩子的："看人家画的画儿是那么好，你为什么就不能再画得好一点呢？""你啊，你啊！这副没出息的样，能做成什么大事！"一项调查表明，55％的家长喜欢夸奖别人的孩子，以达到激励自己孩子的目的；27％的家长喜欢用过激的言语刺激孩子，让他为自己感到羞耻。这种充满火药味的激励，无疑是对孩子自尊心的一种伤害，最终只能闹得孩子"油盐"不进，双方"反目"。

慧宝良方

孩子是否能不断进步，其原因是多方面的；而激励是一把挖潜启智、培养孩子正常发展、快速成长的金钥匙。

发自内心地欣赏孩子的每一个进步

父母需要做一个有心人，注意观察孩子的每一次进步和努力，并及时表示对他的赞许。营造一个激励孩子的氛围，他才能认真地领悟父母的良苦用心，积极地配合父母提出的要求。

避免语言的空洞，及时提出要求

也有一些家长试图用美言来激励孩子，一味地说"你最好了！"这样空洞的语言让孩子毫无"胃口"——既然已经是最好了，那还要努力干什么？家长在赞扬孩子的同时更应趁热打铁，提出下一步的希望和建议，这么做会收到很好的效果。

切合实际地制定激励目标

孩子的进步大多是一个循序渐进的过程，因而激励的目标也应该是由低到高、由易到难地逐渐完成，并且这个目标应是孩子在经过努力奋斗、顽强拼搏之后能够实现的目标。家长要根据孩子的条件和特长为其设计奋斗的目标，时时鼓励他为实现理想而努力拼搏。

切忌一下子就把标准定得高高的，这样做非但起不到应有的激励作用，还很容易伤害孩子的自尊心、自信心和积极性。

注重过程，淡化结果，努力为孩子减少消极压力

过程评价是素质教育的一个重要原则。只注重一时的分数，而不考虑整个过程，容易将孩子逼进心理的死胡同里去。高明的父母总是能将过程看得比结果更重要。

科学地用别人的孩子做比较

比较不是不可以，但是要注意方法。消极的比较只能是在孩子心灵上播下自卑的种子。比较一定要掌握分寸，以鼓励为出发点，进行科学的比较，而不是诋毁或者发泄不满，比如这样："你看，他那样做倒不错，你也可以试试这样做，没准你会做得更好。"

富兰克林·罗斯福

从小教导孩子
成为有责任心的人

众所周知，责任心就是个人对自己、他人、家庭、集体和社会所负责任的认识和态度。现代社会，拥有责任感已经越来越被人们所重视和提倡。作为美国历史上唯一的一位连任四届的总统富兰克林·罗斯福，他对家庭，对人民，对国家都表现出了高度的责任感，从而赢得了美国人民的信任和世界的尊重。这种崇高的责任心无疑来自于他的家庭。

智趣故事

罗斯福出生于富豪家庭，他的父亲学过法律，又经过商，很富有。他的降生给这个本来就十分幸福的家庭又带来了无比的欢乐。

幼小的罗斯福成为父母关注的中心。然而，罗斯福的父母并不娇惯他，相反对他要求还非常严格。他们还从各个方面积极地培养罗斯福的责任感，凡是小罗斯福力所能及的事情，诸如穿鞋、穿

名家简介：

富兰克林·罗斯福（1882年—1945年），美国第32任总统。他在20世纪世界经济危机和世界大战中是中心人物之一。曾连任四届美国总统，是美国唯一连任超过两届的总统。

衣服、刷牙等小事，都要求他自己去做，他们还让他承担打扫卫生等家务劳动。

另外母亲还为小罗斯福安排了很严格的作息时间表：7点钟起床，8点钟吃饭，然后跟家庭教师学习两三个小时；中午1点吃饭，午饭后又学到4点。严格的作息时间使罗斯福养成了很好的习惯。

小罗斯福游戏时总习惯于自己是赢家，因为无论谁和他玩，都会自动自觉地让着他。"赢"惯了的小罗斯福倘若哪次输了，就会立刻不高兴起来，甚至发起脾气。儿子的这种举动引起了母亲的注意。她认为尽管孩子还小，但如果长期这样迁就下去，那就很容易使他养成一种"自我"的坏毛病，对于培养孩子的责任感非常不利。于是为了教育他，有一次母子俩在玩一种棋类游戏时，母亲故意不让他，接连赢了儿子好几次。小罗斯福又生气了，母亲见此情景，故意不理他，并坚持让儿子向她道歉，同时还说，如果下次还这样"赖账"就再也不和他玩了，最后，小罗斯福只得认输了。

渐渐地，小罗斯福开始不满意母亲制定的严格作息制度，并对此提出了自己的抗议，要求母亲给他"自由"。母亲认真考虑了儿子的要求后，认为允许他"自由"一天，是一个绝好的锻炼机会，于是她便同意了。到了晚上，6岁的儿子满身灰尘、一脸疲惫地回来了，母亲知道这一天的"自由"，让孩子体会到了自己做"负责人"的感受。

> 通过自己的劳动来承担自己的过失，使我懂得了什么叫责任。
>
> ——里根

历史评说

罗斯福的业绩在全美国都是有口皆碑的，人们在谈论他所受的家教时也同样津津乐道。

罗斯福的父母对他的责任心的培养，可谓是别具一格：他们不仅在学习上要求儿子认真刻苦，还要求他做家务，为全家人尽义务；细心的母亲还善于利用游戏的胜负来培养孩子承担结果的能力；另外，母亲还尊重小罗斯福的合理要求，给他自由活动的时间，这对于罗斯福的健康成长和责任心的培养也非常重要。

人在不断长大的过程中，"都有一种积极向上的内在趋势"，那就是责任感。可以说，责任感不仅将伴随我们的一生，还是我们今后立业成材的支柱。而培养责任心的过程实际上就是一个人从自己到他人，从家庭到社会，从小事到大事，从具体到抽象的过程。做家长的责任就是密切地关注孩子，鼓励他，增强他的自信，使其学会对自己负责，对他人负责，对社会负责，并慢慢地走向成熟。

但是一份这样的报告不禁让人开始有了"责任危机"："今天，大家一致认为，许多孩子没有学会年轻人应有的素养。调查表明，孩子认为考试作弊没错，拿走不属于他们的东西也没错，不承担家庭劳动没错……"责任心的削弱使他们的上进心、纪律性普遍弱化，似乎他们的成长不需要对别人有帮助，也不需要对别人负责。不可想象，一个消极对自己、对他人的人，如何能够担负得起更大的责任？

为什么现在的孩子的责任感会出现危机呢？不得不说现在的孩子是让家长"管"得没了责任心，包办代替孩子的一切；舍不得孩子吃苦、劳动；生怕孩子受一点挫折……部分家长的溺爱对孩子责任心的树立，无疑更是一种伤害。"责任"这个名词，对于孩子来说本来就是一个深奥的词汇，再加上父母的过分溺爱，责任心的淡化和消失也就"势不可挡"了。

慧宝良方

我们的家长有必要从日常生活小事抓起，让孩子摆脱"以自我为中心"，尽快地了解自己周围的世界，从而强化孩子对他人负责、对周围环境负责的责任心。

"DIY"自己的事情自己做

如果你经常对孩子说"你还小，长大了就会做"，"好好读书，学习好比什么都强"，那么，等你希望孩子能承担一部分责任的时候，他会说"这事与我无关"也就不足为奇了。所以，要培养孩子的责任感，最直接的方式就是告诉他说自己的事情自己做，并让他承担一定数量的家务劳动，使其一步步向社会层次的责任心过渡。

让孩子对自己的行为后果负责

父母应该利用生活中的点滴小事，培养孩子从小就要敢作敢当，并勇于承担责任，而不是由父母替孩子承担后果。常常看到在孩子自己撞到桌角后大哭，而母亲忙一边安慰一边拍打桌角说"都怪这破桌子"。事实上，桌子并不会自己动，这样不讲原因、"转嫁疼痛"的结果，只会给孩子提供逃避责任的机会，淡漠他的责任感。

教育孩子做一个"言必信，行必果"的人

家长要教育孩子从小就学会做一个言而有信的人，履行自己许下的诺言，对自己的行为负责任，这既是对自己的孩子负责，同时也是对社会负责。

父母自身对家庭、对社会的责任心如何，对孩子来说也是一面镜子。从一定角度来说，父母的责任心水平可以折射出孩子的责任心。可以想象，对家庭、对社会毫无责任感的父母，将很难培养出富有责任心的孩子。

拿破仑·希尔

赏识教育，夸出来的好孩子

林肯曾说过：每个人都希望受到赞美。因为欣赏将可能导致成功，而抱怨则容易使人失败。美国成功学的创始人拿破仑·希尔博士由一个不听话的孩子成长为著名的学者，这种力量便是来自于其后母对他的鼓励和赞赏。

智趣故事

在拿破仑·希尔年幼时，他的母亲因病逝世，父亲由于忙着养家糊口也很少关心他，于是他成了一个"问题少年"：打架、偷父亲的手枪射杀邻居的家禽、从山上往下滚大石头，差点把人家的房子砸烂……父亲气得把他关进柴房中，不让他吃饭。然而，这一切只能激起他更强烈的叛逆心理。

在希尔11岁的时候，他的继母走进了希尔的家门。父亲这样介绍说："这就是我家里无法无天、无恶不作的希尔。"希尔双手抱肩，脸上流露出对继母的不屑一顾。然而，玛莎却笑了，用手摸着

名家简介：

拿破仑·希尔（1883年—1969年），他创造性地建立了全新的成功学，这也使他成为了家喻户晓的人物。他在人际学、创造学、成功学等领域有着比戴尔·卡耐基更高的地位。被称为"百万富翁的创造者"。

他的头说："我哪里会不知道大名鼎鼎的希尔呢？他是最伶俐的一个，而我们所要做的一切，无非是要把他所有伶俐的品质发挥出来。我相信，他会成为最好的孩子。"听了这话，希尔不自觉地放下了双臂，心中涌起了一种从未有过的温馨。

有一天，玛莎对小希尔说："希尔，我觉得如果你愿意把精力拿一些放到更值得你投入的事情上，你一定会成为一个非常出色的孩子。我看你的想象力如此丰富，又如此充满创造精神，如果你花在读书写作上的时间能像你玩的时间一样多，我想你将来一定能够因为著书立说而使自己的影响遍及全州的。"小希尔听得热血沸腾，不自觉地开始关注书籍和写作了。

在小希尔十二三岁的时候，玛莎对他说："我看你这么有天赋，如果你能学会打字，把你的文章打印出来，那么人们一定会对你佩服得不得了。我相信，你的打字技术能练到与你的枪法一样好。"

从此，他便一边写文章，一边刻苦读书。在阅读中，他了解了一些名著和伟人，了解了写书的人可以获得很高的荣誉，这种荣誉将超出小镇、州和国家的范围，由此他也终于明白了人生中什么才是最重要的东西。

历史评说

成功后的拿破仑·希尔有一次在回忆起自己的继母时，曾深情地写道："我的继母玛莎是一个深谙此理的伟大的女人，不是她，我的命运绝对不会是现在这样子……"

希尔小时候被公认为是一个坏孩子，无论何时出了什么坏事，大家都认为是拿破仑·希尔干的。在这种情况下，拿破仑·希尔破罐子破摔，一心想表现得比别人形容的更坏。当父亲向新继母介绍，他是无恶不作的孩子时，继母却亲切地说他不是坏孩子，并努力发掘他的优点。在继母的赏识和鼓励下，拿破仑·希尔开始改正自己的缺点，并发奋学习。继母用她深厚的爱和不可动摇的信心，塑造了一个全新的拿破仑·希尔。

> 你要别人具有怎样的优点，你就要怎样地去赞美他。
>
> ——丘吉尔

在管理上有一条著名的"二八"定理，讲的是要促使一个人进步，应该给他20％的压力和80％的动力。20％的压力是批评和惩罚，80％的动力则来自于赞扬和奖励。因为，赞扬和奖励比批评和惩罚更容易使人建立自信心。对孩子的教育也同样是这个道理。

无论是大人还是孩子，都渴望受到别人的重视。当他受到赏识的时候，他就会觉得自己"真行"，因而往往会有超常的发挥。对于孩子来说更是如此，他们心灵中最强烈的需求便是得到别人的赏识。可是一个孩子如果在童年时代就缺少被赏识，那么这将会直接影响到他个性的发展，甚至导致他一生的个性缺陷。在天津，一个12岁的小女孩觉得自己在学习上再怎么"玩命"也达不到父母的要求，每次走出学校的考场，回家就进了"刑场"，还不如死了的好，于是她吃下了十几片安眠药；在南京，一个中学生因为实在受不了母亲层层加压的考试成绩要求，最终选择了离家出走。

曾有专家进行调查，问孩子们："你们印象中父母说得最多的话是什么？"上学的孩子大多数选择了"不听话"、"考试成绩不好"……这些话使90％以上的孩子认为自己不是好孩子。也许家长的理由是为了督促孩子，但结果只能是让孩子徒生压力和自卑，甚至产生对抗心理和仇视意识。

慧宝良方

对于大多数孩子来说，他们缺少的不是批评，而是赞扬。

所以，在孩子成长的道路上，父母不妨多赏识一下自己的孩子。

努力发现孩子的优点

由于孩子之间各不相同，家长千万不能因自己的孩子在某些方面比别的孩子差，就轻视自己的孩子。而是要努力发现自己孩子的优点，特别是发现孩子与众不同的优点，学会欣赏自己的孩子。

不要忽视孩子的点滴进步

作为父母为什么不为孩子的进步而感到骄傲呢？孩子有了进步，无论是多小的进步，都说明他付出了努力，家长都应该及时地加以肯定。因为父母的激励和赞赏最能调动孩子的积极性，促进他加倍努力；同时当孩子做了好事时，父母也要表示赞赏，而且一定要及时。

赞赏孩子改正错误的决心

孩子在成长的过程中，免不了会有些缺点和错误。"语言是医治人类心灵疾病的屡试不爽的最有效的良药。"如果拿破仑的继母也像别人一样认为他是一个不可救药的孩子，以羞辱和打骂来教育他，那么世界上恐怕就会少了一个伟大的成功学家。

因此，这个时候父母一定要对孩子改过的决心表示赞赏，并给予其鼓励和支持，千万不要用怀疑的态度来对待孩子的承诺，更不要讽刺挖苦和失去信心，否则孩子很可能会放弃改正错误的行动。

艾森豪威尔

培养孩子的独立能力

　　有一个古老的格言：给一个人一条鱼，他可以吃一天，但教会一个人怎样钓鱼，那他就会永远有吃的。作为父母，最大的责任不是为子女创造多少能维持他生存的财富，而是帮助孩子学习独立和做人。曾任美国总统的五星上将艾森豪威尔将军，他的父母就非常重视培养孩子们的自主能力，从而使艾森豪威尔以及他的兄弟们都名声大噪。

智趣故事

　　艾森豪威尔的父亲戴维和母亲艾达是大学里的同学，结婚后共生了七个孩子，艾森豪威尔排行第三。他们的家庭生活十分窘迫，尽管如此，父母也从未忽视过对孩子的教育。

　　戴维夫妇始终遵守着一条简单的信条：积攒一便士就是挣得一便士。他们认为：这样下去，能使孩子自幼便养成勤劳节俭的好习惯。

　　为了培养孩子们独立自主的意识和能力，戴维夫妇分给每个孩子一小块菜

名家简介：

　　德怀特·艾森豪威尔（1890 年 —1969 年），美国第 34 任总统。他经常被评选为美国最好的总统前十名。撰写有回忆录：《远征欧陆》《白宫岁月》。

地，让他们自己播种，自己锄草，自己耕耘。每逢收获的季节，孩子们就将水果和蔬菜装满小推车，运到城北富裕的住宅区去兜售。他们将这些东西卖掉后，用挣得的钱购买衣服和学习用品。这是一件让人不太愉快的差事，富裕人家的主妇说起话来总是盛气凌人，无情地压价，严重伤害了孩子们的自尊心。在兄弟几个中，就数艾森豪威尔最能胜任这项工作，他的适应能力强的突出特点也是在这个时候养成的。

同时，父母还很注重培养孩子们从小爱劳动的习惯。艾森豪威尔同所有的兄弟一样，都要参加家务劳动。母亲艾达让孩子们轮流做家务，这样他们每个人都学会了做菜煮饭，洗刷碗碟，打扫房间和马厩，整理库房，洗衣，以及在菜地里播种、施肥、锄草、收割，等等。对此母亲艾达认为："孩子们长大了，可以自己解决自己的事情。如果父母干涉得太多了，对他们的成长没有好处。"艾森豪威尔曾回忆说："那时，如果我们要糖果吃，母亲有时会自己做；如果我们要玩具的话，我们通常是自己动手制作。"

戴维夫妇还经常教导孩子们要诚实、自力更生，鼓励艾森豪威尔兄弟几个走出家乡，到更广阔的世界去创业，去奋斗，他们使孩子们认识到，如果老是呆在家里，就会一直被别人当做孩子来看待，永远也成熟不了。

> 让孩子出自己的力、流自己的汗、吃自己的饭，才是英雄汉。
>
> ——陶行知

历史评说

在戴维夫妇的影响和教育下，他们的几个儿子后来都颇有作为，而艾森豪威尔更是大名鼎鼎。效力军界后，他屡立战功，而其独立、果断的个性更为他传奇的一生增添了英雄的色彩。

艾森豪威尔虽然出生于平民之家，但是这个家庭却给予了他和兄弟们比物质财富更宝贵的东西。他们学会了热爱劳动、吃苦勤俭，并通过日常生活中的劳动，锻炼了独立生活的能力；同时，父母还灌输给他们走出家乡去创业，去奋斗的独立自主的意识。凭着这些优秀的品质，艾森豪威尔以及他的兄弟们才能够在各自的事业上有所成就。

有人说"中国孩子是抱大的，而美国孩子则是爬大的"，这种说法一点也不为过。在美国，无论在哪里，都可以看到蹒跚学步的孩子。如果孩子跌倒了，父母一般不会主动跑上前去弯腰伸手扶起孩子，而只是叫一声"起来"，小孩看到没有大人扶，就只好自己站起来。是美国父母不爱自己的孩子吗？绝对不是！

独立自主是人生存和发展的基本能力。随着时代的发展、社会的变迁，独立的意义显得更加重要。对于现在的孩子来说，要成为社会上独立自主的人，就必须具有健全的人格、高水平的自学能力和适应能力。"既能动脑又善于动手"，是时代赋予现代人"独立"的更丰富内涵。

一个人虽然有优良的智力，但是缺乏健全的心理素质和独立的能力，是很难在社会上生存的。调查显示，时下的小孩最缺乏的是"求生存的力量"。至于为何会培养出一大批缺乏独立性的"温室花朵"，究其原因，主要是由于父母无法给孩子"断奶"的亲子情结造成的。

慧宝良方

"拥有独立支配的财富或自食其力——都能使生活变得快活"，看来培养孩子的独立能力，应成为家长重要的必修课。

让孩子养成"自己做"的生活习惯

家长应该做到让孩子自己的事情自己做，不能做的事情再考虑怎样协助他去做。也许他拿着杯子歪歪斜斜地走过来，却把水泼在了沙发上，你也不要气急败坏地禁止孩子动手，因为那已经是他在自立的路上前进了一步。这不仅可以避免养成孩子过度依赖父母的习惯，而且还可以让孩子借此探索与学习，正可谓一举两得！

"离开子女"，为他提供独立的机会

父母应该尽量为孩子创造自己动手的可能性，起码不要在孩子自己很"能干"的时候说"不"。你是否因他把扣子系错了，打碎了盘子碗碟而大声禁止他，并动手代劳呢？对此，一位教育家曾风趣地说："做母亲的最好只有一只手。"总之，凡是孩子自己能办的事情都要让他自己去尝试，让孩子亲自出马。一旦他学会了自己照顾自己，具备了自理能力，他就摆脱了成人的照顾，向自主迈出了一大步。

鼓励才是他最应该听到的声音

有这样一则寓言：母亲在离家之前给儿子烙了一张足够吃一个星期的大饼，套在他的脖子上，一个星期后儿子还是饿死了，原来他连自己动手转一下饼的能力和想法都没有了。作为家长此时应该再清楚不过了，我们应该教授并鼓励孩子学习烙饼的技术，而不是让他坐着不动。

让孩子尝试他有能力完成的事情

比如"放学的时候自己回来！""试一试学习脚踏车！"当然还要记得经常鼓励他，即使他做得并没有你想象中的那么完美。这样他就会变得比较有能力，也比较自信。

培养他独立观察、思考的能力

在孩子养成自己做的生活习惯之后，接下来就应该培养孩子"观察学习"及"思考"的能力，这样才能免去许多白天接送，晚上陪读，直至为孩子填写志愿的尴尬，从而为孩子整个人的独立打下良好的基础。

保罗·盖蒂

自立于艰苦环境，逆境倍有人才出

从古至今，有识之士在教育子女方面，无不重视艰苦奋斗的教育，让孩子自立于环境，鼓励孩子在艰苦中百炼成钢。在世界富豪排行榜上，美国超级石油大亨保罗·盖蒂曾经独占鳌头，他的成功，可以追溯到16岁时他的父亲带他去油田以后的艰苦创业。

智趣故事

保罗·盖蒂出生于美国的一个小城时，他的父亲在石油产业上已经非常成功。在教育子女的问题上，父亲一向主张艰苦朴素的原则，从小就训练自己的子女吃苦耐劳的精神。他认为自己的财产与孩子们无关，并且尽可能地让孩子到艰苦的环境中去锻炼自己。

盖蒂上大学后，父亲便要求儿子暑假到他的油田去工作，以体验基层艰苦的生活。临走的时候，父亲对他说："你

名家简介：
保罗·盖蒂（1892年—1976年），美国石油怪杰。是当时世界上最大的富豪之一。

应该和我一样，从最基层的工作干起。"还警告他："别以为自己是老板的儿子就会受到特殊照顾，你必须服从钻井队的领导，完成你该完成的任务。"盖蒂满口答应下来，并以当学徒的身份，从钻井队最笨重的活干起。

但是从小生活在舒适环境里的盖蒂一下子有点吃不消，因为他也要同其他工人一样，每天工作 12 个小时，仅拿 3 美元工资，干的活又脏又累，非常辛苦。盖蒂几次向父亲提出不想再去那个"鬼地方"了，但都被父亲"无情"地拒绝了。在盖蒂 3 年的大学生涯中，每逢假期他仍要去油田打工做杂活。

大学毕业的时候，父亲又严肃地对他说："你该试着在油田开发方面独立干一年，而不是跟着我干。"可他并没有为儿子的商业冒险提供资金。盖蒂开始发愁了，没有资金怎么办？于是他只有亲自到处去寻找愿意出租的油田，最后终于用 500 美元租下一块地开始钻井。他每天吃住都在油田，与工人一同在油井工作。经过数日的努力，终于成功地打出一口井。初次的尝试令盖蒂十分激动，这个时候父亲又发话了："第一次成功纯属运气，作为一个经营管理者，必须具备相应的专业技能。"于是盖蒂开始研究地质学和大量与有关石油的书籍，并把学到的知识应用到实践中去。接下来，他顺利地钻出第二口井、第三口井……

历史评说

盖蒂的父亲深深地懂得逆境出人才的道理，他主张过艰苦朴素的生活，并自立于环境，让儿子在艰苦的生活中进行磨练。

上面的故事告诉我们，如果有意识地让子女接受一些艰苦生活的磨练，了解一项事业成功的来之不易，对于奠定他们今后脚踏实地生存的技能基础，是非常有益的。而且据美国心理学家研究所得出的结论：在艰苦困难的环境中长大成人的孩子，与在优越环境中长大

的孩子相比，成材的比例要高得多。因为在艰难的环境中，有意识地进行艰苦生活的磨练，让子女们了解到开

> 平静的湖面练不出精悍的水手；安逸的环境造不出时代的伟人。
>
> ——列别捷夫

拓一项事业的成功不容易的同时，也增长了其才干，锻炼了其意志和体魄。

中国古训也有"人遗子，金满籝；我遗子，惟一经"，可与之相对的却是，我们的家长辛劳奔波，一门心思为的却是给孩子一个舒适享福的条件，而不是生活的技能。在家庭生活上，有的家长对子女娇生惯养，上下学专车接送，所有物质要求全部满足；有的家长则对子女"全包全替"，周到服务，最终导致孩子的生活自理能力很差。

许多家长们都认为，自己是从苦日子里过来的，现在赚钱不就是给儿女用的嘛。所以在社会"大环境"和家庭"小环境"的影响下，大多数孩子并没有经历过艰难，从而养成了严重的惰性和依赖性，其身心都非常脆弱，小小的年纪却会攀比和享受。殊不知"舒适的生活会给将来带来无限的烦恼"。

慧宝良方

大量事实表明，没有哪个优秀人士的成功是不劳而获的。可见，鼓励孩子在艰苦的环境中百炼成钢是一件不可忽视的大事。

端正家风，提倡勤俭节约，培养能力才是生存之本

家长要以身作则，以做出榜样来潜移默化地培养孩子勤俭节约的意识。"再富不能富孩子"。不要认为现在生活好了，要什么有什么，还讲究节约干什么；在孩子的吃穿用行上大手大脚；跟着广告走，养

成了虚荣娇奢的习气……这一切意识和行为都不利于培养孩子艰苦朴素的作风。

因此，作为负责任的家长，应该帮助孩子把视线转移到学习和熟练专业技能上来，这样有朝一日你的孩子才能够立足于社会。

磨练孩子的生存意志

日趋富裕的物质生活条件削弱了孩子们本应具备的人生忍耐力、心理承受能力和克服困难、坚忍不拔的意志力。

曾经是美国总统夫人的杰奎林，在儿子约翰11岁时让他到勇敢者营地去接受训练，以锻炼他坚强的毅力；在儿子13岁时又送他到孤岛上去学习独立生活技能。这样的例子还有很多，我们没有送孩子去某某孤岛的条件，也未必非要如法炮制，但我们的家长起码可以做到对孩子进行吃苦耐劳的教育，让他们养成劳动的习惯，使他们真正领悟到生存的含义。

经常给孩子讲艰苦奋斗的故事，把这项工作长期坚持下去

一些父母根据自己的经历，认为吃点苦是成长之道，于是他们便开始人工制造出一些"苦"来，逼着子女去参加冬令营、夏令营，或者干脆把孩子"寄存"到郊区的农民家庭：吃南瓜汤、睡火炕、访贫问苦。于是，孩子们便真的叫苦连天了。可回家后，父母又心疼得不得了，把那几天的辛苦统统用溺爱加倍地补回来，宠爱一如既往。

让孩子经受点磨难和挫折的意图是好的，但短短几天的"苦日子"，只能是"伤及表面"，不过是给孩子增加点"忆苦思甜"的资料，无异于用一汤匙的苦药对抗一罐子的蜜糖。只有从思想上着手，长期坚持培养，才能达到教育的真正目的。

诺伯特·维纳

让孩子在
大自然中健康快乐地成长

　　大自然是一条孕育生命的河，它博大丰富，是塑造孩子美好情操、理想人格和净化心灵最好的课堂。经常走出家门，离开自己禁闭的小圈子，对于一个人的成长有着非凡的意义。美国数学家、控制论的创立者诺伯特·维纳，他的父亲就善于利用接触大自然、拜访名人等机会，开阔少年维纳的眼界，同时丰富他的知识、陶冶他的情操。

智趣故事

　　维纳的父亲是哈佛大学的教授。他在培养维纳的成长方面，要求非常严格，但他并不拘泥于书本知识。为了使维纳能够在轻松愉快的环境中学习，父亲经常领着他在农场里玩，维纳喜欢帮父亲拔草浇水，他总是问"为什么植物要浇水？""为什么要拔草？"，等等，父亲也耐心地为其解答。维纳6岁的时候，全家人到欧洲做了一次长期旅行。在这

名家简介：
　　诺伯特·维纳（1894年—1964年），美国应用数学家，在电子工程方面贡献良多。他是随机过程和噪声过程的先驱，提出了"控制论"一词。

次旅行中，维纳不仅饱览了异国风情，参观了名胜古迹，还在父亲的带领下，拜访了许多名人，令他大开眼界。

父亲还经常带着儿子到田野里去玩，每每这个时候，维纳总是乐得手舞足蹈。在玩的过程中，父亲也总是借助一切机会对他进行教育，并带着他一起观察各种植物和昆虫。当然，相比于平时威严的爸爸，小维纳更加喜欢此时这个慈爱又博学的父亲，往日求学中的种种不悦也逐渐地消失得干干净净。在亲近大自然的同时，维纳也结交了许多农民的孩子，认识和体味他们的生活。一次他认真地对父亲说："我要学习他们那种真诚、淳朴的品质。"

随着知识的增长和能力的提高，激起了维纳的创作欲望，为此他准备了一篇论文打算参加学校举办的演讲比赛，父亲看了他的文章后对他大加赞扬。为了把儿子塑造成一个优秀的、独立自主的人，父亲不仅教维纳书本上的知识，还想方设法让他做一些力所能及的事。

从此以后，维纳和大自然亲近的机会就更多了。他涉猎群书，生活的多姿多彩也激发他的创作欲，使他成长为博学而不失质朴、严谨而不失自由的科学家。

历史评说

维纳的父亲在家教上的这些经验在今天仍不失智慧。他严厉但又不死气沉沉，讲课时是严父，下课后又是好朋友。他没有把孩子整日关在房门里学习，而是重视孩子热爱自然的天性，在丰富的自然和社会中，给孩子传授知识。大自然丰富的知识和博览群书，以及异地远游，开拓了维纳的眼界，无形中使他的想象力、创作力大大提高。

同时父亲非常注重利用自然的机会，培养孩子独立自主的能力，并鼓励他与农民的孩子交朋友，学习他们勤劳善良的品质，以便塑造他良好的性格。而这些方面的培养，在如今的学校教育和家庭教育中却开始变得越来越稀有起来。

> 自然界的美充满着原生性、新颖性和独特性，这就为教育提供了广阔的天地和无穷的可能性。
>
> ——德廖莫夫

中国早期的父母们对孩子的教育，普遍是粗放型的。许多家长从自己小时的生活里，都能找到许多美好的片段。他们或许并没有意识到，越与大自然亲近，感情就越丰富，生活的乐趣也就越多，而这种人也往往会更加热爱生活、富于创造和想象力，从而形成一种宽泛的学习概念，使人的身心处在一种积极向上的状态中，由一种新奇感唤起个人主动的探知欲，这样健康的人生也将沿着正常的轨道发展下去。而现代人的生活则是细致型的，而且细致得过了头，从而使孩子深受约束。这种束缚不仅来自于其内心，也来源于他们的生活空间越来越狭窄。他们变得离开了空调，一动就会大量出汗；关闭了电脑就不知道该玩什么。令人担忧的是，他们首先应该是自然的孩子，而不是机器的孩子，过多人为的东西却使他们错过了许多天性形成和发展的机会。

事实上，这类与大自然和社会绝缘的孩子，其适应性、独立性、宽容性和毅力较其他同龄人要弱得多。这才是家长和社会真正的痛。

因此，家长应该意识到做游戏和贴近大自然对孩子发展的重要性。

慧宝良方

教育家柳斌曾说过，我们需要塑造孩子，但不能以牺牲孩子的天真，不能以一代人的呆板为代价。为了不让他们精神越发匮乏，心灵越发疲倦，让孩子尽情享受一下我们曾经在自然中有过的欢娱吧！

给孩子融入自然的机会

家长们不要一看见孩子玩就生气，一看见孩子学习就马上高兴起来。而应该鼓励他们从事户外活动。双休日中父母可以带着孩子去公园、动植物园、附近郊区、风景点走走看看；当然在有条件的情况下，还可以在假期带孩子出去旅游。

许多国家的家庭、学校和社会都在切实地为学生提供在自然中学习的环境与机会。俄罗斯的莫斯科郊外还专门为青少年开辟了许多农庄、农场。一家或几家人常常在节假日带着孩子到郊外过一天丰富的生活：载歌载舞、画画写生、读书交谈等。许多骄傲的孩子、孤僻的孩子、胆怯的孩子……都从中找到了自我塑造的良方。

鼓励孩子参加有组织的旅游和家庭活动

但是家长们要避免认为提供了大量物质条件就是尽了责的想法。浙江某所私立学校暑假期间组织学生赴国外举行夏令营，通知刚出，家长们便趋之若鹜，争先恐后地为孩子报名，生怕自己提供的条件比别人差，一出手就是上万元。双飞往返、美味大餐，被"全副武装"的孩子们走了一大圈后只是带回了几张旅游照，还有一大包脏了的衣袜。

不要做功利型的家长

一些家长把带着孩子出去玩当做是一种奖励，告诉他们考好了就如何如何，把本来属于孩子的生活当成了鱼饵，这样的做法将使得孩子更累！

鼓励孩子适当参加公益劳动

如果说大自然是我们永远的家园的话，那么通过劳动，亲和万物的能力也将会使孩子获得最大程度的保护。比如学校组织的植树等活动，就是一种很好的亲近自然的方式。

鲍勃·高尔文

让你的孩子有更好的人缘

在现实社会中，能否掌握与别人相处的方式，养成"内外兼修"的个人魅力，已经成为立足于社会的重要因素。在波澜起伏的商战中始终独占鳌头的摩托罗拉公司，其总经理鲍勃平素经营有方，待人平和，深得员工们的喜爱。他的这种"好人缘"完全得益于他的父亲——摩托罗拉的创始人高尔文的教育。

智趣故事

高尔文在鲍勃很小的时候，便将他送到学校去读书。他经常告诫儿子，平时要多体谅别人，多替别人着想；要尊重他人，绝不能仰仗父亲总经理的"头衔"而耀武扬威；别人帮了忙，一定要道谢；自己有了错，也一定要请求别人的原谅。

待鲍勃长到一定年龄后，高尔文又常常利用学校放假之机，带他一起去出差，让他经历业务活动的过程。在业务洽谈的过程中，鲍勃会按照父亲的嘱咐，安静地坐在角落里，聆听并记录工商界

名家简介：

鲍勃·高尔文（1922年—），是继保罗·高尔文之后，摩托罗就公司的第二任总裁。他延续其父的梦想，发展家族企业。

老板的发言，他从没有因为听枯燥的商业理论而"扰乱"过会议秩序，对此，高尔文十分满意。经过参与多种业务经营活动，鲍勃学会了许多书本上学不到的知识。

1940年，鲍勃已经17岁了，此时高尔文才同意让他到自己的公司去上班。第一天，鲍勃同其他雇员一样，坐在人事室外面的长椅上，听候分配工作，人事室的工作人员认出他是总经理的儿子，请他直接进办公室，但是鲍勃却宁愿排队按照秩序等待，也不愿意违反工厂的纪律，搞"特殊化"，此举赢得了全厂上下的一致好评。

工作不久后，高尔文就派给鲍勃一项艰巨的任务：让他准备一份钢铁市场发展前景的报告。这确实难坏了鲍勃，他一连几天都吃不好饭。但他认真刻苦、努力工作的态度，却令其他的员工颇为感动，同时大部分员工都不能理解，老板怎么会给给自己的儿子分配这么个棘手的活。高尔文看到这种情形，便亲自到图书馆查阅了大量资料，又请来了几位工业研究专家为儿子讲解，然后再让儿子根据他自己的理解，去编写报告。

经过一番刻苦钻研，认真分析比较，鲍勃终于写出了一份出色的报告，使周围的同事大为折服和感叹。经过一段时间的锻炼，在高尔文的多方教导下，鲍勃很快地成熟起来，并于1956年正式出任摩托罗拉公司的总经理。

历史评说

如今摩托罗拉公司不仅以质量在市场上占据一席之地，它的信誉和员工素质，也博得了人们的好评，这不得不归功于鲍勃的领导有方，当然也要追溯到他的父亲高尔文使他有了一个"好人缘"，从而帮助他在商场上取得了信任。

高尔文的家教故事可谓是一以贯之，一旦原则定下来就让儿子从小身体力行，以便从言行之中得到启发。他培养儿子的良好道德品

质；他让儿子参与公司的有关活动，掌握经营方面的知识，学习社会秩序；他对儿子和其他雇员

> 礼仪的目的与作用本在使得本来的顽梗变柔顺，使人们的气质变温和，使他尊重人，和人合得来。
>
> ——洛克

一视同仁，让他从小事中体会与人相处的艺术；他分派给儿子艰巨的任务，使其领会成功办事的窍门，以便他能赢得人们的信任和喜爱，最终成就其事业。

每一个父母都应该知道，在现实社会中，大人不可能为孩子提供一个绝对完美的生活环境，因此，如何鼓励孩子适应环境才是最重要的。好人缘，并不意味着让子女们去费尽心机地发展庸俗的人际关系，而是培养他令人尊重的个性魅力。好的"人缘"，是主动地养成一种由内向外的气质，表现为关心他人、真诚待人、谦诚守信，等等，使周围的人都乐于接近他、相信他、喜爱他，这是一个人在社会上立足的先决条件，只有这样，才能取得别人的信任和支持，为成就自己的事业助一臂之力。

时代需要有个性，有创造力，能与人合作的人才。如果一个人在童年、少年这样的人生起步的最初阶段，养成了"自我"、"任性"和"无理"等恶习，那么他必然会陷入不被同伴接受、喜爱的苦恼，长大后也会在处理与同学、同事和集体的关系上出现麻烦，从而难以适应以后的生活，并最终使这种恶习成为其人生之路上很大的障碍。

慧宝良方

家长有必要为孩子认真策划，悉心引导，尽量使孩子有一个"好人缘"，使其成为被他人接受和喜爱的人。心地好是"人缘好"的根本。对此，我国明代的庞尚鹏有过精辟的概括，"好比树木果实，那

与茎枝相连的是蒂，蒂坏了，果子就一定要落下来。人的心就同果子的蒂一样，至关重要。"

良好的品质情感是做人的基本素质

有谁不喜欢好人呢？不论在生活中还是在文学、影视作品中，人们都会不约而同地把感情的天平向"好"的一方倾斜，因此父母要注意规范孩子的行为举止，如诚实善良、谦虚礼貌等。教育孩子懂得爱和爱别人，为孩子做出关心他人、真诚待人的榜样，并且尽量创造条件，让孩子关心同伴，帮助他人，友善待人，对孩子歧视弱势群体、不礼貌、霸道等行为进行及时制止。

帮助孩子发展友谊，培养其合作精神

孩子们之间的友谊无疑会受到他们本身人格和经验的影响，如果孩子拥有属于自己的"小圈子"，当然会增加他与同伴亲近和交往的信心，并使其有机会体验到与人相处的方式。孩子间的游戏，同学之间的共同学习，都为发展友谊提供了机会。孩子也会在这种人与人的摩擦中，逐渐学会忍让与合作的精神。家长要做的就是帮助孩子发展他们的友谊，使其养成良好的合作精神。

引导孩子掌握基本的待人接物的原则

孩子的长大是不可阻挡的，因此，对他进行一些"社会化"的训练也是势在必行的。家长可以通过表明自己对一些事物的态度和做事的行为方式，来传授孩子如何与人相处，体谅别人的感受，如何应付在生活和工作中出现的情况，以免他们在纷杂的社会交往中"手忙脚乱"。

传授孩子与人交往的技能

教给他基本的谈话技能，比如介绍自己、询问别人的情况、表达个性兴趣、接受对方建议，等等，这会使他比别的孩子看上去更成熟、懂事。

同时，当孩子在处理人际关系"很受伤"时，家长应该帮助孩子从负面经验中去学习，使他从那种被排斥的感觉中逐渐成长起来。

海明威

用艺术启迪孩子的智力，陶冶孩子的情操

约翰·托姆乐曾经说过："美术、音乐和舞蹈等一切艺术不仅是儿童的消遣活动，而且能够使他们变得更聪明、更富朝气。"事实也的确如此。誉满全球的文学大师海明威就认为，从母亲格雷丝那里受到的艺术教育影响了他的一生。

智趣故事

海明威出生于美国康涅狄格州。他的父亲是一位颇具权威的妇科医生，母亲格雷丝则是一位精力充沛、多才多艺的钢琴家和女低音歌手，同时她还担任着几十名声乐学员的教师。

海明威的父亲非常爱好体育活动。在海明威3岁的时候，父亲就带他去钓鱼；5岁时又带他到森林去打猎。有人问他怕不怕，他非常自信地说："我什么也不怕！"他甚至还夸张地说："我单手拦住了一匹惊马！"父亲听了也不由大

名家简介：

欧内斯特·海明威（1899年—1961年），美国记者、作家，20世纪最著名的小说家之一。代表作品《老人与海》。

笑，他认为这是儿子对拥有勇敢和胆量的憧憬。后来，钓鱼和打猎都成了海明威的终生爱好，他还从中养成了争强好胜的性格。

在父亲培养"硬汉"的同时，母亲格雷丝对儿子在艺术上的培养也同样十分精心。最初，格雷丝希望海明威将来能成为一个杰出的大提琴手，而且儿子在这方面也的确很有天赋。尽管后来她发现儿子在写作上的兴趣要远远大于音乐，但她仍然认为人生在世懂得音乐是非常幸福的。

海明威6岁时，母亲给他买了一把大提琴，开始正式教他学习音乐和对位法。她在给学生授课时，也常常让海明威坐在旁边当"旁听生"。小海明威认真听讲，和那些大哥哥大姐姐一样专注。

慢慢地海明威开始越来越热爱文娱活动，他经常和母亲一起唱歌、跳舞、朗诵诗歌，在中学时他还担任了管弦乐队的队长。多年后，海明威还就此写道："学习些音乐技巧，对一个作家来说是很有必要的。"他在创作《丧钟为谁而鸣》一书时，其音乐知识便在对位结构中发挥了显著的作用。

格雷丝除了在音乐方面造诣很深外，还颇爱看书和画画，并常出去写生。她每年都会去一个叫南塔基特的小岛作风景写生，也多次带着海明威一同前往。在那儿，他们画画、谈心，还互相为对方读小说，读到精彩处，二人便会同时发出赞叹声。如果说小海明威在音乐上天赋极高的话，在画画上，他就显得笨拙了一些，总是还没画好，就弄得自己一身的油彩。但是母亲仍然坚持带着他作画，观看画展，从而使他的绘画及美术欣赏能力也得到了迅速提高。

历史评说

海明威小时候的生活可谓是丰富多彩的。一方面是父亲的"硬教育"，教给他男孩的勇敢；另一方面是母亲的"软教育"，对他进行艺术素质的培养。因为他们知道做人空有勇敢的性格是不够的。

由于母亲格雷丝是一个优秀的音乐家，所以她在这方面也可以称得上是专家了。因此，海明威从小时起，

> 为了不失去神给予我们的对美的感觉，必须天天听点音乐，天天朗诵一点诗，天天看点画儿。
>
> ——歌德

就受到了很好的艺术熏陶。为了使儿子生活在艺术氛围中，母亲每天都播放古今名曲，和孩子一起唱歌、跳舞；当海明威年龄大些的时候，母亲又开始教他学习乐器和专业的音乐知识；另外，母亲还给小海明威营造了一个绘画和培养文学兴趣的环境，使儿子不仅在音乐方面有所建树，也具备了相当的美术欣赏的能力。所以，在他的作品中，也常常流露出音乐、美术的痕迹。

最近美国佐治亚州提出了一项新奇提议：拿出10.5万美元，使该州所有新生儿在出院回家的时候都免费带上一张古典音乐激光唱盘或磁带。原因在于他们也看出了一些门道，那就是音乐和美术等艺术教育，在孩子的成长过程中占有重要的地位，它能够促进儿童的大脑发育，使孩子更加聪明，它还可以促进文化知识的学习，而且有利于净化儿童的心灵。这种培养不仅丰富了孩子们的童年生活，更重要的是孩子能从中得到艺术熏陶和文化滋养，这将会影响孩子的一生。

如今有很多家长怀着一颗明显的功利心让孩子参加各种辅导，致使一些孩子不能从学习中获得快乐和自信的体验，收效甚微。也有许多家长感叹："我的孩子没有艺术天赋！"事实上，每一个孩子都是天生的艺术家，关键要看父母怎样挖掘和培养他们。

慧宝良方

其实，不管孩子将来是否能成为艺术家，家长们都有必要对子女从小进行各种艺术教育。

从小培养，引导孩子对艺术感兴趣

家长不一定要是个艺术家，但他们仍然可以培养孩子的艺术兴趣。比如，每天同孩子一起听音乐，观看演出，参观各种展览，鼓励孩子参加学校的戏剧表演等。有条件的家长还可以带孩子亲临音乐会的现场，虽然你的孩子可能还看不懂，但"真人"表演，实在是令孩子高兴的事，也可以激发他的兴趣。

使孩子自发地爱上艺术

要想让孩子对艺术更自愿地热爱，就要求家长们要先少一些让孩子成"艺术家"的主观愿望，而多一点随意性：

★ 循序渐进，根据孩子的年龄来安排训练，过于繁重则会使孩子产生厌烦情绪。

★ 在玩中学，抓住时机，给孩子以科学的指导。教育家斯特娜夫人常用这种游戏的方法来引导女儿学习。她用手指出墙上的乐谱，然后还女儿按照乐谱按琴键。不久，这种简单的弹琴游戏便使女儿能用钢琴单音弹奏出简单的曲调了。

★ 保护孩子的积极性。要把他们演奏出来的第一个音符，创作的第一幅作品，看作是最棒的，并且积极地给予他们赞扬和鼓励。

轻松地为孩子安排艺术训练的课程

在孩子长大后，仅仅靠视觉和听觉的熏陶，是远远不够的，此时，家长有必要为孩子安排一些适当的专业训练。但是不要急于求成，繁重、强迫的安排将会给孩子造成压力。

注重用艺术熏陶孩子的情操

虽然我们不能使每个孩子都成为音乐家、画家、舞蹈家，但也不要认为既然不想使孩子成为音乐家，那么教他音乐就是在浪费时间。家长应该注意同孩子共同发掘美妙的东西，培养孩子的心智和理智，使其艺术生活多姿多彩，使孩子幼小的心灵变得更加纯洁，这才是最为难能可贵的。

洛克菲勒兄弟

理财启蒙教育，用金钱铸就孩子的品质

　　教育家切尼认为，理财的教育是一种工具和手段。教育的目的是要让孩子成为一个能干的、真正的、健全的人。让我们看这样一份记录：约翰逊，从事慈善事业，是30多个慈善组织的理事；纳尔逊，1974年就任美国第四任副总统；劳伦斯，美国最有名的航空工业巨头、军火商人；温思洛，阿肯色州州长；戴维，美国金融界霸主之一，拥有350多亿美元资产，曾被认为是仅次于美国总统的最有权力的人。

　　他们的父亲正是美国历史上赫赫有名的小洛克菲勒。他们的成功不是仰仗了父亲的财势，而是得益于父亲的教育。

智趣故事

　　小洛克菲勒是世界上第一个拥有十亿美元的亿万富翁。他不但富可敌国，对子女们的教育观念，也可谓高人一筹。

　　在孩子们的童年时期，小洛克菲勒没有让他们享受到亿万富翁家庭的优越条件，没有游泳池、网球场，他们只能和别的孩子一样，玩简单的游戏，跟着

名家简介：

　　洛克菲勒兄弟，他们是标准石油公司总裁、亿万富翁小洛克菲勒的儿子。都成就了一番事业。

父母伐木或者骑马。

等孩子们长到 7 岁的时候，小洛克菲勒就开始向他们灌输"金钱"的观念。每周发给每人 3 角钱的津贴和一个记账本，要求他们既要花，又要储蓄，还要施舍。他们要在这上面记载每一分钱的用途和时间，而且每笔开支都要有理由。

渐渐的每个月这么点钱不够花了，几个孩子就只有靠自己的劳动赚点钱。背柴火、锄地、拔草，1 角钱；捉住一只老鼠 5 分钱；擦皮鞋，每双 5 分钱。有一年，男孩儿们在兄长的带领下开辟了一个小菜园，幸运的是他们的西葫芦、南瓜大获丰收，小洛克菲勒也非常高兴，他按照市场上的价格向儿子买了南瓜，其余的则由孩子们用儿童车推到市场上去卖。

小洛克菲勒还经常对几个男孩们进行一种"基本功"的训练，也就是亲自教他们缝补自己的衣服。正是因为有了这种训练，所以当 1968 年纳尔逊坐在竞选飞机上，碰巧他的裤子开了个小口时。这个家财亿万，正争取共和党提名的总统候选人，做了一件让全美国人"大跌眼镜"的事情：他不慌不忙地从旅行袋里取出针线包，把裤子缝得漂漂亮亮。

> 我要他们懂得金钱的价值，不要糟蹋它们，不要乱花乱用，把钱花在益处。
> ——小洛克菲勒

历史评说

这些看来似乎很不可思议，但那的确是真的。洛克菲勒家族始终保持着简朴和一种有益的理财观念，给了我们一个好的启示。用"支出"培养消费意识，用"施舍"来激发他们的同情心，用"储蓄"来培养他们节俭的习惯，再通过劳动来生动地告诉他们有付出才能有所得。

小洛克菲勒只给孩子少量的津贴，让他们经常处于经济压力之下。同时灌输他们通过劳动来获得报酬，以及如何花钱的观念，并让他们学会过俭朴的生活。正是因为他严格而又行之有效的教育，才为儿子们能有后来的成就奠定了基础。

在犹太人的集市上，像洛克菲勒家族这样让小孩出售劳动果实的并不少见。许多小孩子出售他们用过的玩具，尽管他们只有五六岁，其稚嫩的脸上却一本正经，就像个地道的生意人一样。他们缺钱吗？当然不是，他们是在学习挣钱，因为他们从小就被环境灌输进"财富来自勤劳"的理念。

父母是孩子的第一位老师，从小培养孩子正确的价值取向、谋生的手段，将为他们以后迈向社会搭建起稳固的台阶。许多专家研究的结果表明，从孩童时代起学习如何花钱，懂得钱，对于一个人的健康成长，形成正确的道德和劳动观念意义非常重大。

我们现在的生活水平已经大为提高，于是家长们在为孩子创造物质生活的同时，却忽视了对孩子进行艰苦奋斗品格的培养。物质条件的改善并不意味着要忽略对孩子进行艰苦奋斗的教育。可是今天，一味的忆苦思甜、单调的教条训导，已经失去了昔日的效果。而孩子们只知道用花花绿绿的钞票可以换来好吃的好玩的，但是钱从哪来，来得多艰难就不在他们关心的范畴了。

慧宝良方

为人父母者，不是不可以谈钱，关键在于以一种什么方式，什么用途来谈钱，来教育孩子。父母应该及早地培养孩子正确对待金钱的态度，要"取之有道，用之有方"，以便让他们健康成长，且不为金钱所累。

灌输给孩子用劳动创造财富获得报酬的观念

幼小的孩子不知道钱是哪来的，大风刮来的？树上长的？所以他喜欢什么就想要什么。那么父母应该告诉孩子,农民勤奋耕种才能收获粮食;父母兢兢业业工作才能领取工资。这些钱不能随便乱花,即便要花钱也应该正确使用。

合理给零用钱,使孩子养成储蓄的观念

孩子也有合理的经济需要,作为家长必须承认并对其加以积极地引导,这样可以培养他们对金钱的责任感和做出正确决定的能力,并帮助孩子了解金钱的价值,问题的关键在于孩子如何正确地使用它。家长可以用帮助孩子在银行开一个存款账户的方式,让孩子懂得积累,甚至可以让孩子懂得"利滚利"的效益。

养成简朴的生活习惯

父母要教育孩子,节俭是一种美德,无论是贫穷还是富裕,都应该崇尚节俭。因为孩子的"精打细算"不是天生就会的,但奢侈浪费却可以无师自通。在美国,许多家庭都比较富有,但他们的生活却非常简朴,不论是在家里吃饭还是请客人都比较简单,生活开销也是比较有计划的。这倒与中国现存的相当一部分先富起来的家庭形成了鲜明的对比。

鼓励孩子通过正当手段获得报酬

许多家长担心孩子会过早地沾染"铜臭",但是孩子总有一天要走向社会,而且事实上,在发达国家,许多经济学家和富翁,都是从小就对经济有了兴趣,开始赚钱,但却并没有误入歧途。而且通过劳动让孩子懂得劳动是获取财富的正当手段,还可以进一步培养孩子独立工作的能力和责任心。

同时,家长还要告诉孩子不要一味贪图财物,财物只不过是给我们的物质生活提供支持,让生活更便利和舒适些,但真正有意义的生活不是靠财富创造或是靠金钱购买得来的。

霍华德·休斯

社交能力，帮助孩子以积极的心态步入社会

最近，孩子们社交能力的开发开始同他们的智力开发一样，受到了人们的重视，并成为孩子成长中重要的一课。有些人早就认识到了这个问题，并受益于此。美国休斯航空公司的创始人，全世界10大亿万富翁之一的霍华德·休斯，谁能想象，这个商场上叱咤风云的人物，小时候竟然是个羞涩闭塞的小孩子呢？

智趣故事

父亲为了改变休斯过于内向不善交往的个性，物色了公司雇员夏普的儿子达德雷同他在一起玩。达德雷是一个十分活泼又极善交际的小孩，很快，他便和休斯成了好朋友。天长日久，休斯在他的影响下，比以前爱说爱笑了，也好动了许多。

为了进一步培养儿子的社交能力，休斯的父亲还让他加入"童子军"，锻炼

名家简介：

霍华德·休斯（1905年—1976年），美国著名电影制作商。创建了"卡多"电影公司，曾经拥有名列全美第二的庞大财产。

他的团队合作精神。一下子从家庭的小范围里"跳"出来的休斯，开始时还真有点不习惯，他不但被老师批评过，而且还受到过守夜的惩罚。

> 社会犹如一条船，每个人都要有掌舵的准备。
>
> ——易卜生

"童子军"的生活使休斯的性格有了很大的转变，但他的父亲仍然不满意。为了帮他提高适应新环境的能力，在他从小学到高中的十来年期间，父亲又先后让他换了7所学校，创下了转学最多的纪录。

休斯父亲的工夫没有白费。由于突发性心脏病，父亲在中年就离开了人世。18岁的休斯在遗产继承问题的听证会上，当着旁听席上的亲戚和休斯公司董事们的面，一改往日留给人们的局促紧张的形象，侃侃而谈，语出惊人，发表了被人称为休斯的"独立宣言"的言论："根据德州的法律，只要贵庭宣布我是可以负法律责任的成年人，我便不再需要监护人，并可以继承父亲休斯公司董事的职务。"结果，休斯如愿以偿。

从此，休斯便先从电影制作开始，开拓自己的事业。由于他经营有术，理财有方，良好的社交能力又使他如虎添翼，连美国最有名望的总统罗斯福、尼克松也对他刮目相看。

历史评说

休斯出人意料的慷慨陈词，使人们感到难以相信。其实这种惊人的变化，并非一蹴而就，而是和老休斯的精心培养密不可分的。

老休斯深知过于羞涩和孤僻的性格，对于儿子的健康发展非常不利。为了培养孩子的社交能力，他为儿子找了个性情开朗的同伴，那个活泼的小孩，对于改变休斯沉静的性格起到了十分重要的作用；

另外，老休斯让儿子参加"童子军"，扩大他的交友范围，并通过多次转学来提高小休斯适应环境的能力。经过多方锻炼，终于，年轻的休斯凭着探索的精神、执著的兴趣和强势的社交能力，创造出了他的商业奇迹。

我们首先要明白的是，孩子性格的发育是与他的人际关系相关联的。良好的人际关系会给人以精神的慰藉与支持，并增强其战胜困难的勇气。显而易见，那些在良好的人际关系中成长起来的孩子，成人后更容易获得成功，因为他们有着积极的心态、良好的合作精神和人际关系，这种精神正是社会所需要的品质。事实证明，孩子正是在同伴中间，通过嬉戏、玩耍，来发展体谅他人、适应环境等重要素质的。

一位母亲曾经忧心忡忡地谈了这样一件事：一天，她发现自己的儿子在幼儿园一个人站在墙边，看着别的孩子玩。晚上她问孩子，但结果却让母亲听得更揪心——别的小朋友不带他玩。应该说这种由于不在意而忽视了孩子交往方面问题的做法，将是家教的一大失误。

当前在许多学生中出现了一种前所未有的"校园人格"：自私、内向、孤僻、自尊过于强烈等，形成了与人接触的障碍，其中一个重要的原因便是长期的封闭式教育。这样的孩子不仅会因为没有伙伴而失去许多童年的乐趣，在其进入社会后，也将会因为他不擅于与人交往，不能充分地展示自己的技能，而陷入烦恼之中。

慧宝良方

对于不会交往的孩子，家长应该及时地改变自己的教育方法，帮助孩子从小建立一个亲密的友伴关系，教会他如何与人打交道，与人合作。这些功课，将为孩子今后形成好的社交能力做积极的准备工作。

家庭内部成员的稳定关系是基础

许多专家认为，如果母子关系发生了什么问题的话，等孩子长大以后，就会对朋友们失去兴趣，或者常常故意和朋友们为难，或者遇事犹豫、不知道该如何处理和朋友们的关系。所以，家庭成员间明朗活泼、亲密友爱的关系，是孩子具备与他人交往能力的基础。

培植自信，摆脱孤独的阴影

自信是人生起步的前提，更是促进与人交往、摆脱孤独的良方。父母要经常表扬自己的孩子，使孩子能够对自己形成一种积极的认识，踏实地迈出其人生的脚步。

鼓励孩子在童年建立积极的友伴关系

儿时的友谊会影响孩子交友的习惯。如果一个孩子失去了朋友，或者说不被同伴所接受，即使他在日后取得了成功，那么他也会终生有一种不安全感和不满足感。

父母应该尽量为孩子提供让他与朋友交往的机会，让孩子看重友谊，鼓励他与人交往。在孩子们结成"党徒"到处玩耍，进入到他们的"团伙时代"时，要积极地参与到孩子的友情之中，对其进行指导和帮助；另外，在适当的时候教授孩子一定的交友经验与技巧也是很有必要的。

让孩子有自己的团队生活

一个孩子如果得不到团队的接受，对他来说将是一件十分痛苦的事，其自信心也会受到挫伤。当孩子长到一定年龄的时候，家长可以鼓励他参加各种活动和团体，甚至是一些以某些技能、兴趣爱好、交流等为基础的特定团体，比如足球队、篮球队、美术班等兴趣活动小组。这些基于个性、兴趣而组织在一起的主题活动，更容易让孩子相处、开眼界、长知识，从而形成初步的社交能力。

本田宗一郎

合理安排时间，养成良好习惯

日本人向来以节省时间和高效率闻名全世界。高速、高效也是这个国家能够在战争之后迅速崛起的重要原因。日本著名的本田公司的创始人本田宗一郎，更是堪称这二者的表率。那么他是怎样养成这一良好习惯的呢？

智趣故事

本田宗一郎出生在日本的一个贫穷农家，父亲以修理自行车和打造小农器为生。宗一郎是长子，幼小的宗一郎一边帮助父亲拉风箱，一边学打铁，他看到父亲累得满头大汗，觉得十分心疼，便问道："爸爸，你不能慢慢打吗？看你累成这个样子。"父亲十分严肃地说："要是慢吞吞地打，铁坯冷却了，就不能打成农具。做什么事情，都要讲究速度，要快！"有一次，父亲把三块烧红的铁坯放在铁砧上，不停地轮番敲打。宗一

名家简介：

本田宗一郎（1906年—1991年），世界著名企业家，日本本田技研工业株式会社创始人。后与索尼公司的井深大作为日本战后技术型企业家而享誉全球。

郎好奇地问道："爸爸，你为什么要三块铁一起打，不如一块一块去打，就不会这么累啊！"父亲告诉他说："这几块铁坯形状小，可以放在一起打，能够一起打的铁，就不要分开去打，这样既节省时间又多出活。你要记住，做工作要多动脑筋，能集中干完的活不要分开去干，这样可以节省时间。当天的活要当天干完，每天都有新的工作。"

父亲打铁的启发，深深地印刻在宗一郎的脑海里。直到后来创办本田技术研究工业总公司，宗一郎也一直把高效率、高速度贯彻始终，并作为本田公司的传统，一代一代地传下去。

历史评说

本田宗一郎的父亲并不懂得什么教育学，更不知道教育子女的理论与艺术，但他对本田宗一郎的影响却是深远的。

懂事的宗一郎心疼父亲，让他慢慢地打铁，认为铁坯一块一块地打就不累了。但是父亲告诉他，做事情要迅速，要尽量节省时间。父亲的话，使宗一郎深受启发，并一直将这种精神作为事业发展的指导思想，相信这种意义远远超出了他父亲本人的意料。

在教育子女的时候，应该认识到如何让孩子学会合理地安排时间，这是一个非常重要的问题；而且学会合理利用时间，不仅是成才的一项基本素质，也是保证孩子身心健康成长的重要条件。

许多家长在一起谈论的时候，常说的是孩子每天晚上做作业都要到 12 点钟左右，导致孩子体力下降，精神疲惫。这时就有必要审视一下孩子们，是否他们还没有深刻理解"一寸光阴一寸金"的道理，或者是没有"工作效率"的概念；而没

> 在今天和明天之间，有一段很长的时期；趁你还有精神的时候，学习迅速地办事。
>
> ——歌德

有时间的紧迫感，不会安排和利用时间，很难形成高速度和高效率。

现代社会是一个高速运转的社会，谁能够在同等的时间里，做出比别人多的事情，就意味着赢得了胜利。而养成良好的时间观念是一个人做事成功的基本前提。

慧宝良方

父母应该帮助孩子克服淡薄的时间观念所造成的不良习惯，培养孩子惜时、守时以及合理利用时间的好习惯。

合理地安排时间，意味着节约时间

制定一个时间表。制定规则有利于孩子形成一个规范的习惯。要教育孩子按照规定认真遵守，持之以恒。

教育孩子有责任感和紧迫感

"花开堪折直须折，莫待无花空折枝"。帮助孩子对明天的事情有个确定计划和目标，力争今天的事情今天做完。

要张弛有度，充分利用最佳时间

不要把时间都安排在学习上。要劳逸结合，学习的时候专心致志地学习，玩的时候便尽情地欢乐；否则，学与玩都收不到好的效果。另外要根据孩子的年龄特点，安排孩子休息的时间，以利于孩子的身心健康发展。

家长的力量

家长应该及时监督孩子的生活习惯，按制定的计划有序地进行。另外，有时家长自然且不刻意的行为，更能达到好的教育效果。毕竟父母的言传身教胜过枯燥的理论。许多家长完成了一天的工作后，晚上仍然坚持学习，无形中便给孩子树立了一个很好的惜时典范。

理查德·费曼

在游戏中发现和培养孩子的才能

　　"游戏，不就是玩吗？玩有什么重要的呢？"许多家长都会产生这样的想法。但是玩是孩子的天性，有益的游戏将有助于孩子萌发意识、开启智慧、塑造性格。曾经获得诺贝尔物理奖的理查德·费曼，他的成长就和玩有着密不可分的关系。

智趣故事

　　费曼生活在一个十分幸福的家庭。在他还很小的时候，他的父亲就非常注重在游戏当中培养他的各种能力。一天父亲带回家一堆装修浴室用的各种颜色的小瓷片，父亲把它们叠垒起来，弄成像多米诺骨牌似的。费曼一推，它们就全倒了。父亲问费曼："能不能换一种方法重新把它们堆起来呢？"于是，在父亲的提示和协作下，小瓷片就被堆成了两白一蓝的状态。费曼的母亲在旁边忍

名家简介：

　　理查德·费曼（1918年—1988年），美国物理学家。1965年诺贝尔物理奖得主。曾提出费曼图、费曼规则和重正化的计算方法，成为研究量子电动力学和粒子物理学的重要工具。

不住说："唉，你让小家伙随便玩不就是了？"可费曼的父亲却回答说："这不行，我正在教他什么是序列，并告诉他这是多么有趣呢！这是数学的第一步。"

> 游戏本身就是一所学校。
>
> ——苏金娜

费曼最喜欢父亲领着他去郊外玩，在那里可以享受到在大自然里的无拘无束。那时，他还会和父亲一起观察鸟类的活动、植物的形态，父亲还会生动地给他讲为什么鸟喜欢啄身上的羽毛，为什么树叶会枯萎……许多的为什么费曼都轻松地在玩中找到了答案。

父亲还十分注重培养费曼观察的习惯。一天，费曼玩马车玩具，在拉动马车的时候，他忽然发现车斗里一个小球的运动方式。他连忙找到父亲说："爸，当我拉动马车的时候，小球往后走，而当我把它停下来的时候，小球却往前滚，这是为什么？"于是父亲开始耐心地给他讲摩擦的道理，并接着启发他，"如果从边上看，那么你会发现，当摩擦开始的时候，小球相对于地面来说其实还是往前挪了一点，而不是向后走。"小费曼跑回去后把球又放在车上，从边上观察，他惊喜地发现小球果然是向前挪动了一点。

在父亲的培养下，费曼开始对物理产生了浓厚的兴趣，并下决心要进行更深的探究。多年后，费曼饱含深情地说："我父亲就是这样教育我的。他用许多这样的实例来与我进行兴趣盎然的讨论，没有任何压力。他在一生中一直激励我，使我对所有的科学领域着迷。"

历史评说

值得注意的是，费曼的父亲非常注重孩子喜欢玩的天性，他在有目的地带领孩子沉浸在游戏当中时，抓住儿童好奇好问的特性，及时生动地为其解答。通过堆瓷片来教序列的知识，又通过玩具马车传授他摩擦力的基本原理，等等。这样做既丰富了孩子的头脑，引导孩子积极探索科学的兴趣，又培养了他好学好问和观察事物主动学习的能力，并使其最终形成了一套自己的学习方法，最终使费曼在物理学领域里取得了辉煌的成就。

常有人说，哪里有孩子，哪里就有游戏。游戏不仅仅能使人身体的各个部分都调动起来，而且提供了友伴交往的机会，还可以将他们带入一个充满快乐、充满幻想的世界。而游戏更深的魅力所在，就是游戏本身正是"玩"和"学"的奇妙组合，在玩的过程中不断产生不同问题，从而激发孩子寻求答案的欲望，促进孩子对科学和生活的探索。

细心的家长可能会发现，孩子从出生时起差异并不大，但经过几年十几年的不同训练后，就就可以看到他们之间千差万别，无论是身体的柔韧性，还是思维的灵活性、创造性，或者是团体的协作性，会"玩"的孩子通常要优秀很多。

而在一些家庭里，常常会因为没有适合的游戏伙伴和适合的游戏而使孩子们玩得不尽兴。这种情况，在一定程度上没有能引起家长的重视。他们总强调自己的工作忙、家务多、没有时间，或者宁肯自己打扑克、玩麻将，也不愿意同孩子一起做游戏，于是孩子们常常会遭到类似"自己玩去吧"的拒绝。这对孩子的成长是十分不利的。家长们应该认识到，在同孩子游戏的过程中，既能够增进孩子对父母的亲切感、信任感，又能够更丰富他们的知识，还能够激发他们思考问题的兴趣。

慧宝良方

游戏要怎么玩？著名的心理学家克里斯蒂娜举办了一个名为"游戏是件严肃的事"的学习班，讨论游戏在现代社会中的地位，以及创造有益的游戏环境的办法。也就是说家长应该注意游戏是多种多样的，但是要正确地指导孩子来游戏。

关心和了解孩子游戏的内容和方式，并向有利的方向引导他们

因为孩子的年纪小，他们还不懂得选择，所以家长要把好第一道关。切不可玩一些带有危险性、刺激性以及容易形成不好习惯的游戏。

现在有许多家长几乎"谈电脑色变"，因为电脑游戏以及网络在丰富人们视野和带来迅捷信息的同时，也给尚未成熟的孩子带来了很大的诱惑。但是，家长也不能"因噎废食"，使孩子与电脑绝缘。

及时地发现问题和解决问题

孩子在游戏的过程中，会产生各种问题，家长应该抓住这个极好的引导孩子的机会。比如同孩子放风筝的时候，告诉孩子为什么薄薄的风筝却会飞得那么高；游泳的时候，告诉孩子们人体为什么会浮在水面上。

注意在游戏的过程中，培养孩子的各种能力

美国斯特娜夫人的女儿4岁时就能够用世界语写剧本，5岁即发表作品。斯特娜夫人对女儿的培养就是采取游戏方式进行的：她和女儿路过商店门口时玩"留神看"的游戏，与女儿比赛谁能多记住陈列在橱窗里的东西，锻炼女儿的观察能力和记忆能力；用表演戏剧的方式，提高女儿的文学素质和语言表达能力。

和孩子一起游戏

教育家卡尔·威特认为，给孩子玩具后对孩子放弃不管的家长是错误的。玩具本身并不会给孩子带来知识，甚至会让他感到无聊、厌烦。因此家长要和孩子有兴趣地玩，从玩耍到教育，从而使孩子增长知识。

在我国的传统文化教育中，常常告诫孩子们"业精于勤荒于嬉"。但是有节有制有效地玩，非但不会丧志，还可以作为一种智力养分，促进孩子的学习。

托马斯·韦勒

让兴趣成为孩子最好的老师

"孩子爱什么，就有可能成为什么样的人。"有人总结世界上数百名诺贝尔奖获得者的成功因素，其中之一就是他们对所研究的科学事业有着浓厚的兴趣。获得诺贝尔生理学或医学奖的托马斯·哈卡勒·韦勒也不例外。

智趣故事

韦勒出生于美国的一个知识分子家庭。他的父亲在一所大学从事病理学研究，喜欢观赏、收集、喂养、解剖各种动物。他有很多医学和生物学方面的杂志、书籍，有时候小韦勒缠着父亲讲故事，父亲就拿来带有插图的生物学书给儿子看，并讲给他听。小韦勒一边看一边听，十分着迷。

除此之外，韦勒还经常在父亲的陪伴下，到户外游戏。一路上，小韦勒总是有那么多的问题问父亲。他们有时候扑住几只蝴蝶制作成标本当书签，有时候捉鱼、养鱼，然后韦勒就会像父亲那

名家简介：

托马斯·韦勒（1915年—），美国病毒学家。1954年，他与两位伙伴被授予了诺贝尔生理学和医学奖。

样观察它们。这使韦勒从小就对医学和生物学产生了浓厚的兴趣。

没有丝毫兴趣的强制性学习，将会扼杀学生探求真理的欲望。

——乌申斯基

一天，韦勒和小伙伴到河边玩耍，捉到了几条小鱼。韦勒高兴地把鱼带回家养了起来。可有一天韦勒发现一条小鱼死了，他十分伤心，小鱼为什么会死呢？是饿死的吗？于是韦勒决定探个究竟。韦勒把小鱼放在一块木板上，拿来小刀小心地划开鱼肚子，他惊奇地发现小鱼的肚子里竟然有一撮乳白色的小虫子在蠕动。"啊！这是什么？是小鱼的后代吗？"韦勒天真地猜想着。

接着小韦勒马上找到父亲告诉了他自己的发现。父亲仔细观察了小鱼肚子里的东西，然后对韦勒说："那不是小鱼的后代，而是鱼体内的寄生虫。""是它们把小鱼弄死的吗？""它们是怎么钻进鱼肚子里去的呢？"好奇的韦勒连珠炮似地问父亲。父亲微笑着对韦勒说："寄生虫不仅鱼体内有，其他动物和人体内也有，它们危害健康，是应该消灭的大敌。你要好好读书，长大后去研究消灭寄生虫的方法。"韦勒会心地点点头。从此以后，他学习起来就更加用功了，对生物课也更加酷爱。

后来，韦勒考入了密执安大学。由于儿童时代萌发的兴趣，他选择了医学动物学，这也正是父亲鼓励他做的工作。获得哈佛大学医学博士学位后，韦勒开始专门研究比较病理学、热带医学和细菌学，并获得了生理学和医学研究的大丰收。

历史评说

从一个从小喜欢看生物学插图，喜欢观察小动物，喜欢问问题的孩子，到成长为诺贝尔奖的获得者，韦勒最大的动力就是"喜欢"。学习的专业与个人兴趣得到理想的结合，心情愉快，其学习的劲头自然也就更足了。由于父亲的工作特性，加上父亲潜移默化的影响，使韦勒从小就对生物领域产生了兴趣。当韦勒开始对未知领域探询的时候，父亲及时地抓住韦勒感兴趣的问题，利用给他解答疑问的机会，将问题引申，鼓励他从小立志并为之奋斗，从而收到了事半功倍的效果。

兴趣，对于一个人以什么样的态度来做事很重要，许多著名人士的职业就是以其儿童时期的兴趣为基础的。比如，贝多芬 4 岁的时候就已经完成了四部奏鸣曲；毕加索在儿童时期就表现出非凡的绘画天才……可见，只有喜欢，才能使人在实现理想的道路上不畏艰难，孜孜不倦地上下求索；反之无论是谁，都无法出色地完成一项自己毫无兴趣的事情。

这就要求家长善于发现孩子的兴趣爱好，并积极地朝着有利的方向引导孩子。如果孩子对某个方面根本无法发生兴趣，那么父母的强迫反而会造成孩子性格的扭曲。

生活中曾经有这样的例子：一对年轻夫妇一门心思想让孩子在音乐方面有所造诣，但他们的孩子却偏偏对音乐不怎么"感冒"。父母四处筹款，为儿子购置了钢琴，并像监工一样地督促孩子苦练，剥夺了他所有的游戏时间。渐渐地，孩子视钢琴为无尽无休的苦役根源。一天，他趁父母不在时，挥锤砸毁了那架节衣缩食买来的钢琴。在此要劝诫所有望子成龙的家长，切勿在孩子身上采取"牛不吃草强按头"的手段。

慧宝良方

有些兴趣是天生的，有些则可以在后天的学习、生活中慢慢培养起来。而且，人们的兴趣会随着年龄的变化而改变。家长不妨细心体察孩子的需要，做好子女的伯乐。

在轻松的环境下，巧妙地引导孩子的兴趣

许多家长苦于孩子只是对玩耍抱以极大的兴趣，却不愿主动地学习。对于孩子来说，做功课的确不像游戏那样有吸引力。强行地使孩子与基础课、特长课或者专业课拉上手，只能是越逼他越学不进去。

家长可以有目的地在生活中，或在游戏玩耍的过程中，唤起孩子的学习兴趣。当孩子遇到问题或感到困惑时，及时地引导他读书学习。这种具体、生动的教育比空洞的说教要奏效得多。比如孩子喜欢信手涂鸦，家长便可借此引导他们学习绘画方面的技术。

培养广泛的兴趣，掌握多方面的知识，以博养专

获得广博的知识，可以使主要兴趣收到更好的成效。我国古代杰出的科学家张衡，就是一个有广泛爱好的人。他从小就喜欢天文、地理、数学、绘画、书法，等等，最后成为了一个举世瞩目的天文学家、数学家和文学家。

作为父母，如果发现孩子对某一特定学科很早就表现出爱好的倾向，那么就可以利用多方面兴趣，培养其主要兴趣，这样做不仅可使人的精神生活充实，还可以促进其智力的发展。

培养孩子兴趣的持久性

许多孩子在儿时对某个方面有兴趣，但却因为没有形成长时间的、稳定的爱好而往往会半途而废。因此要培养孩子对感兴趣的事物锲而不舍的精神，不断积累知识，促进其智力的发展。

鼓励积极兴趣，抵制消极兴趣

消极兴趣是学习的障碍，能腐蚀孩子的心灵意志，使孩子玩物丧志。如沉溺网络聊天、电子游戏，浪费了宝贵的时间，将使他们长大后碌碌无为。而积极兴趣才是促进孩子勤奋向上、健康成长的有利因素。

盛田昭夫

从小培养领导才能，长大做好"领头羊"

　　"没有天生的领导者，只有后天造就的领导者"。领导能力的培养，无论在现在还是在将来，都能让人受益匪浅。全球最大的电器制造公司索尼公司的创始人盛田昭夫，他杰出的领导才能并非与生俱来，而是与其父的精心培养密不可分的。

智趣故事

　　盛田昭夫降临人世时，正是盛田家族重振昔日雄风，成为新的名门望族之际。对于盛田昭夫的未来，父亲已经有了十分明确的目标，那就是把他培养成为一名实业家，让他承担起作为一名长子应承担的责任。

　　为了实现这个愿望，父亲颇下了一番工夫。他认为，作为社会的一员，必须会协调各种人际关系，他甚至将父子之间发生口角也视为是对儿子进行教育的机会，哪怕儿子大光其火，他也能心

名家简介：
　　盛田昭夫（1921年—1999年），索尼公司创办人之一、名誉董事长，日本著名企业家。

平气和地巧妙对儿子进行引导。

盛田昭夫10岁的时候，父亲便带着儿子到他的事务所和酿酒厂去，

> 父母对孩子的关爱与引导，可以让孩子获得那种能够转化为领导才能的内在力量与信心。
>
> ——约翰·安德逊

让儿子亲身体验盛田家的事业是如何经营的。他还经常带着儿子参加公司的主要会议，以期让儿子学会同部下相处的技巧和处理各种问题的方法。当工厂盘存货物时，父亲也一定要带着盛田昭夫一起去，让他亲眼看一看，工厂的工人是如何在自己的监督下一丝不苟地工作的。

到了初中阶段，父亲和家人对盛田昭夫的教导更趋向于理性，也很注重开拓他的视野，让他在接触社会的过程中丰富自己的人生体验。在盛田昭夫的耳边常常萦绕着这样的话语："你生下来就是总经理，因为你是盛田家的长子。这一点，你要牢牢记住。""尽管你是一位总经理，但是，假如你认为因此就可以向周围的人耀武扬威、趾高气扬，那就大错特错了！你必须认清，什么事情该自己做，什么事情可以让别人去做，而且要对这些事情负全责。"

在这些耳濡目染中，盛田昭夫渐渐地对家族事业产生了兴趣，尤其对新思想、新技术更是情有独钟。一次，父亲托人买了一台极为昂贵的电唱机，如此逼真的音响效果令他大为吃惊，并大大激起了他对制造电器的热情。正是源于这种兴趣和小时候父亲对他领导才能和领导意识的培养，使得盛田昭夫后来建立起了自己的电器王国。

历史评说

盛田昭夫最后的成就，远远超出了其家人最初的设想，他成了世界上最大电器王国的缔造者。盛田昭夫本人也说，父亲对他的领导与开拓才能的培养让他受益无穷。

父亲让儿子从小就参与公司的有关活动，通过言传身教使儿子掌握企业经营的知识；他告诫儿子要注重礼貌礼节，建立良好的人际关系；他让儿子接触最新式的电子产品，激发儿子的进取心和创造热情。这些独具匠心的做法，为儿子拥有主宰电器王国的领导才能，发挥了巨大的作用。

领导才能，是一个人综合素质的重要内容，也是一种在工作和生活里能够充分展示的个人魅力。具有领导特质的孩子，往往敢说敢想敢做，勇于探索，敢于挑战，而这是通过塑造孩子的自信心、意志力和不同凡响的创造力等方面来造就的。

现代人才教育理论发现，无论是男孩或女孩，如果他（她）能在班级以及课外活动中，表现出较强的领导能力，那么这要比他（她）表现出较高的智力或考出较高的分数，更能准确地预示着他（她）成年后的成功。这样的孩子即便是不作为领导者，其独特的气质也会使他（她）在以后的工作和生活中，坚持自己的信念，不会人云亦云、随波逐流。

而与之相左的是，不少粗心的家长不自觉地忽视了孩子的个性培养，甚至压抑孩子的梦想，从而导致孩子"没有自信，做事畏首畏尾"，或者是"在人多的场所显得羞怯，不敢大声讲话"，等等。这些都将为孩子施展自己的才华造成巨大的障碍。苦恼的家长可能认为孩子天生不是那个"料"，事实上，他们并没有发现，那些充满表现欲和表演欲，善于组织和管理的孩子们，都是他们父母尽心尽力培养出的"领头羊"。

慧宝良方

拿破仑说："不愿当将军的士兵不是好士兵"，因此父母有必要尽早地培养孩子的领导意识和才能，以便孩子在芸芸众生中能够出类拔萃。

营造培育自尊和自信的环境

众所周知，人类最大、最可怕的敌人就是自己。从小注意孩子自尊心和自信心的培养，有助于孩子长大后在无限的空间实现飞跃，去施展自己的领导才华。

为人父母应该努力为孩子创造一个宽松的成长环境，鼓励孩子充分发挥自己的想象力和表现力，让他充满自信，认为自己是世界上第一的和最好的，从而树立其自尊、自强与自信的精神，让其个性得到充分的张扬。

认真对待孩子的梦想、兴趣

拥有梦想是孩子向成功迈出的第一步。即便孩子说"我想当个大厨师"，而这个愿望与你的期望相去甚远，责怪也是无济于事的。随着情况的不断变化和年龄的增长，孩子的梦想也会改变。但是家长鼓励孩子树立其自己的理想，却非常有助于他们发挥想象的能力，及如何拥有把想象变成现实的能力。

鼓励孩子争取机会

一个人要想真正成为具有感召力的"领头羊"，必须在实践中不断地磨练自己把握全局、指挥若定的能力。父母应该鼓励孩子积极参加集体活动，支持孩子竞选班干部、学生会干部，这些都可以给孩子提供展示自己才能和实际锻炼的机会。

鼓励孩子在班上大胆发言，在他人面前从容地表达自己，也是一项关键技能。优秀的表达能力，对他日后在人际关系及生活处事上，将有很大的帮助。

培养孩子的主动性和善于推测的能力

孩子的主动性，就是他生命的动力，一旦被压抑，他不是会变得狂野、盲从，就是会退缩、拘谨。父母可以在日常生活中，发掘孩子的兴趣，引导他们在愉悦的心情下自愿并独立地完成某事。

另外，鼓励孩子对事情的变化或者未产生的结果做出预测和判断，养成遇到问题积极思考对策以及有效完成工作的习惯，会使他在无形当中取得别人的信任和支持，从而成为果断自信的"领头羊"。

亨利·基辛格

宽严有度，做好父母

　　所谓"一张一弛，文武之道"，在家庭教育中，这个道理也行得通；松紧得当，严慈结合，往往更容易达到教育的目的。活跃于美国和世界政治舞台上的美国前国务卿基辛格，他的父母对他的教育就是这样严格而不是严厉，慈爱而非溺爱。

智趣故事

　　美国历史上第一个非美国原籍的国务卿基辛格，出生在德国的一个犹太人家庭，他的家庭属于中产阶级的小康之家。幼年时的基辛格很聪明，他爱好活动，但也很调皮。基辛格的父亲是一位中学老师，教希腊文和拉丁文。他教学认真，一丝不苟，性格略显拘谨，在家中尤其显得严肃，因此，基辛格从小就很害怕父亲。父亲对他十分严格，提出了很多的要求，做不到就要处罚。在父亲的不断训导和管束下，他在学习和品德方面做得很好，这对他的一生都产生了良好的影响。

名家简介：
　　亨利·基辛格（1923年—），美国犹太人外交家，诺贝尔和平奖获得者，国家安全顾问。

与父亲相比，和母亲在一起就轻松多了。基辛格的母亲性格外向，开朗幽默，她对孩子宽容得多，甚至可以说是有点宠爱。基辛格在受到父亲的训斥后，总能从母亲那里得到安慰，若是他闯祸了，母亲便成了他的"避风港"和"保护神"。他常常在放学以后到回家路上的一家杂货店，向老板娘赊几块糖吃，然后说："我妈妈会给钱的。"在学校里，他参加学生合唱团，还担任指挥；他最喜欢踢足球又特别贪玩。

有一次，他玩得忘记了写作业，父亲气得不得了，狠狠地训斥了他一番。基辛格想寻求帮助，但看看母亲也是一脸严肃的样子。他委屈极了，担心父母不再喜欢他了。母亲这才温柔地把他搂过来，安慰他说："因为父亲爱你，所以他才生气，你喜欢玩可以，但不能耽误学习。"基辛格懂事地点点头。正是由于母亲小小的"庇护"，小基辛格尽管有爸爸的严厉管束，还是度过了无忧无虑的童年。

后来由于德国纳粹疯狂迫害犹太人，一家人不得不辗转逃往美国。由于家庭的教育和在德国那段时期经历的民族磨难，基辛格表现出越来越强烈的求知欲，并始终保持着旺盛的探索精神。

历史评说

基辛格是幸运的。一个调皮的孩子又正值喜欢调皮的年龄，这样的孩子该如何管教呢？管得太严，孩子个性会受到压抑；管得太松，孩子又往往会放任自流。基辛格的父母在教育孩子的问题上，明智地选择了宽严有度，有张有弛。

父亲在孩子的日常生活、学习等方面要求严格而不是严厉；母亲教导有方，慈爱而非溺爱。有爱有教，对孩子不好的习惯进行批评，使得基辛格在严谨而不失童年快乐的环境里，自由地成长起来。这也正是值得现代家庭教育学习和借鉴的地方。

爱护子女是父母的本能，但是对子女切不可溺爱；管教子女是父母的职责，没有原则的自由便不是自由。孩子年纪小，没有约束力，任性、贪玩，许多性格和习惯是从小养成的，过了这个年龄，便难以弥补。所以作为家长必然要"严"、"爱"有度，对其加以引导，使孩子养成良好的品德和生活学习态度。

我国传统的"高标准"、"严要求"，其主旨是有利的。但是，一部分父母在进行"高标准"的严格教育中，却失去了尺度，认为不用尖利的言语，不挥起拳头就不能触及到孩子的痛穴。但孩子的内心承受能力有限，绝大多数在"高压"管教下的孩子，往往会产生沉默、抵抗、发脾气等对立情绪，从而使孩子与父母之间的隔阂越来越深。

当然避免管教过严的同时，也不应该不加施教。对孩子有求必应，不批评，不教育，不引导，一味迁就、纵容，其结果必然会导致孩子的自私、依赖。就像教育家马卡连柯所说："如果你想毒死你的孩子，你就给他饱喝一剂足量的个人幸福的药，于是他就会被毒死了。"可见溺爱的后果又是何等的严重。

> 要使作为教育者的父母行动统一，就是要教母爱和父爱学会贤明，使善和严、柔和刚达到和谐。
> ——苏霍姆林斯基

慧宝良方

如何正确地爱孩子和教导孩子呢？应该做到"严中有爱"、"爱中有严"，正确把握住爱的尺度，这样才有利于孩子的健康成长。

尊重孩子的人格和感情

做父母的不要总以为孩子年幼无知，而忽略了对孩子应有的尊重，高兴时便把孩子当做"宠物"，对其百依百顺；生气时孩子又成了"出气筒"，对其横加指责。这样会使孩子无所适从，将伤害孩子的自尊，从而造成其不良的心理。

从教育的目的出发，对孩子提出合理的要求

球王贝利少年时，一度染上吸烟的毛病。被父亲发现后，贝利非常害怕，担心会受到责骂，可父亲却以朋友般的态度对他说："你踢球很有天分，以后或许还能成为一名好手。可吸烟对身体是有害的，如果因为它而没能使你成为球星，你会遗憾的。吸不吸烟由你自己决定。"从此，贝利便改掉了吸烟的毛病。贝利说："如果当时父亲狠狠地揍我一顿，那么我今天很可能就只是个烟鬼。"

可见，真的爱不是无原则的爱，而是要把爱建立在理智的基础上，掌握好爱的分寸。对孩子的生活要过问，并加以限制。培养孩子良好的行为习惯和生活自理能力，及时教孩子做一些力所能及的事。

满足孩子正当的需要，抑制其不合理的要求

对于孩子提出的意见和要求，父母要善于倾听。如果是正当的需要，就给予适当的满足；反之，就应当拒绝。不要一切以孩子为中心，培养孩子在家中的特殊地位，更不要因孩子的无理哭闹而迁就顺从。

严格教导，把握分寸

父母对孩子的教育固然应该以鼓励、表扬为主，但是，应该批评的时候还是必须批评。批评的时候应该注意心平气和，讲清楚道理，并予以宽容；而不要不考虑场合，大声吵骂，甚至体罚。

曾经在街上见到过这样一件事情：一位父亲给儿子买了几斤橘子，离开后却发现6岁的孩子竟然从水果摊上"顺"了一个苹果。那位父亲气急败坏，在众目睽睽之下，举手就给了儿子一个耳光骂道："没想到你这么小就学会偷东西了，完了，你这辈子算完了！"孩子嚎啕大哭……

后面的事情可想而知，这个孩子多可怜啊！父亲严厉的打骂摧毁了他宝贵的自尊和自信，留下的可能是一辈子都无法愈合的心灵创伤。

李·艾柯卡

赋予乐观的性格，
提高挫折"免疫力"

"乐观的人，在每一次忧患中，都能看到一个机会；而悲观的人，则在每个机会中，都看到某种忧患。"可见，乐观对于一个人是多么重要。美国实业界的传奇人物李·艾柯卡，就是这样一个乐观的人。他乐观豁达，凭着自己惊人的才干和强烈的事业心，不仅在三年内使濒临倒闭的克莱斯勒公司扭亏为盈，还偿还了政府 12 亿美元的贷款。可当人们向他表示祝贺的时候，他念及的是他最尊重的老父亲，并称父亲是"对我一生影响最大的人"。

智趣故事

艾柯卡的父亲尼科拉，是个天生的"乐天派"。正如艾柯卡所说："家境不好的时候，使我们精神振作的是父亲。不管发生什么事情，他总是安慰我们。"

早在艾柯卡的学生时代，每当他考试成绩不好，或者因为其他不如意的事情而心烦意乱的时候，父亲便会对他说："人生总要有点烦恼。没有比较，你就永

名家简介：

李·艾柯卡（1924 年—）意大利裔美籍企业家。前福特汽车、克莱斯勒总裁。福特经典车型"福特野马"的开发负责人。有"美国产业界英雄"的称号。

远不会真的知道什么是快乐。"他还想办法逗儿子开心，例如问他："你上个月的今天为什么不高兴？去年呢？看，你根本记不清楚了！可见你今天的烦恼也不那么要紧吧！不要再想它了，关心关心明天的事儿吧！"

受父亲的影响，艾柯卡16岁时就开始和汽车打交道，而且开的是福特汽车公司的产品。艾柯卡大学毕业时，福特公司决定在全国50所大学征聘职员，每家挑选一个学生。艾柯卡对此很不满，他居然幽默地调侃道：如果牛顿和爱因斯坦是同班同学，福特公司却从二者中选其一，岂不太蠢！正当他牢骚满腹时，福特公司却选中了他。

1978年，身为福特公司总裁的艾柯卡突然被福特董事会解雇，致使他的情绪一落千丈。他曾为此回忆道："那一阵子，我感到相当痛苦。"但他想到父亲当年说的话，便很快稳定了情绪，随之"加倍努力，干得更加起劲"。当艾柯卡赴任克莱斯勒汽车公司总裁之位后，面对公司债台高筑、百孔千疮的现实，他甚至产生过"打退堂鼓"的想法。但他始终依靠父亲那句他最喜欢的话，使自己保持头脑清醒，并采取了一系列有效的措施，最后终于如愿以偿，使克莱斯勒公司起死回生、重振雄风。

> 求乐的人生观，才是自然的人生观，真实的人生观。
>
> ——李大钊

历史评说

谁能做到遭遇困难时"不以己悲"，谁就是生活的强者。艾柯卡的成功，正应了他父亲的话——"太阳总要出来的"。

快乐是一种香水，洒在自己身上，散发出的香气别人也会感受到。尼科拉本就是一个快乐、精力充沛的人，他开朗，充满信心，面对贫穷的家境和复杂多变的生活总能泰然自若。这样的性格深深影响着儿子乐观精神的形成。同时，他在儿子遭遇事业变迁时所表现出来的镇静和鼓励，对艾柯卡一次次攻克难关、转败为胜，发挥了极为重要的作用。

我们都知道，乐观向上的情绪不仅是迷人的性格特征，也能使人对生活中的许多困难产生"免疫"。作为一个生活在高速运转社会中的人，学会保持乐观、开朗的情绪是非常必要的。

但最近，一份来自小学生的问卷调查的结果显示，50％以上的学生有"忧虑抑郁、烦恼多、紧张困扰"的情况，72％的学生遇到困难则表现出消极的态度。这不能不引起家长们的恐慌，是什么使我们的孩子这么消极悲观？让我们来看一看吧：

父母对孩子要求过高，一旦孩子达不到预期的目的，就责骂孩子蠢笨、没出息；对孩子的心思不了解，对于孩子说的话做的事，也半信半疑；过分迁就孩子，什么事情全由父母包下来；还有一些父母由于某些原因，意志消沉、悲观厌世，孩子则沉默寡言、不思进取、颓废，等等。这些，还不足以摧毁孩子积极乐观的心性吗？

中国的家长常常更多地注重的是智力教育，而忽视了培养孩子快乐的性格。这不得不说是导致时下青少年心灵脆弱，不能正确面对复杂多变的社会，自暴自弃，甚至引发自杀或犯罪率上升的一个原因。

慧宝良方

相信家长此时也意识到了健全、乐观的性格才是孩子顺利成长的保障。孩子的乐观性格并非与生俱来，但却可以后天培养，关键是家长所采取的方式。

家长要有乐观的思维方式

关于乐观，法国作家阿兰说过："烦恼是我们患的一种精神上的近视症，应该向远处看并保持积极乐观的心态，这样我们的脚步就会更加坚定，内心也就更加坦然。"如果这会儿下雪了，作为父母，最好不要说"该死的天，又下雪了"，因为这样说并不能改变下雪的事实。当然，就算说"太好了，又下雪了"，也不能使雪发生任何改变，可是如果把这种话说给孩子听，情况就会大不一样！"瞧，太好了，又下雪了！多美啊！可以打雪仗、堆雪人"，这样就会把快乐传递给孩子，让他无论面对何种环境，都能保持一种愉悦的心情。

培养孩子保持思想的愉快

孩子的成长，是一个不断遇到挫折、不断改善的过程。父母应该在日常生活中，注意培养孩子独立、坚强、敢于面对错误和困境的性格，帮助他恢复自信，这样孩子才会以积极、进取的心态，微笑地面对生活。

培养成孩子快乐的习惯，对别人要少苛求

孩子有时候会向父母抱怨与同伴或者其他人之间的矛盾，父母要让孩子学会坦然地接受理解别人的错误、失败，多想一些快乐的时光，冲淡眼前的不快乐，恢复平时乐观的精神。

培养孩子的幽默感

著名幽默家威尔森曾经说过："幽默是生活中的七彩阳光，没有它，就没有我五彩缤纷的童年，也没有我充满欢声笑语、幸福无限的家庭。"欢乐是精神上的灵丹妙药，父母在教育子女时，若能做到幽默风趣、循循善诱，将会收到事半功倍的效果。孩子具备了幽默的性格，则会吸引更多的同伴，享受到更大的快乐。

让家里成为生产幸福、快乐的基地

爽朗的笑声是"家庭中的太阳"，和谐、快乐的家庭是孩子拥有乐观、健康心态的源头。一个笑声不断、风趣幽默的家庭，最能培养出孩子乐观的性格和进取的精神。

玛格丽特·撒切尔

"两多一少一不"，树立孩子的自信心

　　我国古代的大诗人李白曾经写下"天生我材必有用"的豪言壮语。的确，无论做什么事情，你的态度决定了你的高度。被世界政坛誉为"铁娘子"的玛格丽特·撒切尔夫人就是从充满自信的小姑娘成长起来的，而对她影响最大的，就是他的父亲艾尔弗雷德·罗伯茨。

智趣故事

　　玛格丽特出生于英国的一个小镇。她的父亲罗伯茨是当地的高级市政官，他自学成材，靠自己的人品、才干及不懈的努力，成为格兰森市市长。

　　父亲自信、自强的精神一直影响着玛格丽特。他从不因为自己没有受过高等教育而向对手认输；另外他对玛格丽特的家教也是很严格的，父亲要求她从小帮忙做家务，10 岁时她就在杂货店站柜台。在父亲看来，这些都是孩子力所

名家简介：

　　玛格丽特·撒切尔（1925 年 — ），英国政治家，曾出任英国首相。是在 20 世纪，也是自格莱斯顿以来，任职时间最长的英国首相。是现代历史上重要的政治人物之一。

能及的事情，所以他不允许女儿说"我干不了"或"太难了"之类的话。父亲还常常告诫她千万不要盲目地迎合他人。

　　玛格丽特所在的学校经常请人来校演讲，每次演讲结束，她总是第一个站起来大胆提问。不管她的问题是比较幼稚，还是比较尖锐，她总是充满好奇地脱口而出，而其他的女孩子则往往怯生生地不敢开口，只是面面相觑或抬眼望着天花板。回家后，父亲听了玛格丽特的汇报后，总是鼓励她："孩子，你有这样的信心，我真为你感到骄傲，你一定会成为一名出色的辩论家。"

　　父亲的不断鼓励使玛格丽特对自己的口才充满了自信。但老实说，当时玛格丽特的演讲技巧一点也不高超，用她同学的话说就是"根本不能振奋人心"，但玛格丽特却毫不顾忌，一有机会就滔滔不绝地上台演讲。

　　有一次，因为她讲的内容大家都不感兴趣，而且又讲了很长时间，台下的嘘声、讽刺嘲笑也随之而起。可玛格丽特自信好强的个性却使她根本不把这些放在眼里，依然面不改色地演讲下去。许多同学对她这种突出的个性表示不理解，她就坚决地告诉人家："因为我相信总有一天我会讲得非常棒！"

　　与此同时，罗伯茨发现了玛格丽特的政治热情，于是更开始注重对她这方面才能的培养，最后终于使她成为欧洲政坛上一颗耀眼的明星。

历史评说

　　无怪乎玛格丽特所在学校的校长评价她说："她无疑是我们建校以来最优秀的学生，她总是信心十足的，每件事情都做得非常出色。"这与玛格丽特做什么事情都用一种勇往直前和必胜的信念去对待的态度是分不开的。

　　永远不许说"我不能"、"太难了"。对于年幼的孩子来说，这样的要求可能是太高了，但正是因为父亲这种"残酷"的教育，才培养出了玛格丽特这种积极向上的决心和信心。罗伯茨用自己的经历和行动，证明给女儿看，自信的态度是多么重要。他鼓励她，肯定她，引导她，使

信心的力量是惊人的，相信自己，那么一切困难都将不会是困难的。因为自信心是一种积极的心理品质，是促使人向上奋进的内部动力，是一个人取得成功而必备的、重要的心理素质。

——拿破仑·希尔

得她能够丝毫不受别人的影响，而遥遥领先于那些左顾右盼的人。

相信自己能够成功，往往自己就能成功，这是人的意识和潜意识在起作用。在这种自信心的驱动下，他们敢于对自己提出高要求，并在失败中看到成功的希望，鼓励自己不断努力，获得最终的成功。

你的孩子是否已经开始受到这样的困扰：遇到一点困难就犹豫不决；总是觉得自己会失败；消极悲观，等等。这些是与生俱来的吗？难道我们的孩子生下来就比人家的自信心差吗？当然不是！而是在早期教育上出了问题。在调查中发现，给孩子鼓励和赞扬最多的是美国父母，而最少的恰恰是中国父母；另外父母的过度呵护，也成了自信的障碍。还有些孩子在他们有上进心时，没有得到肯定和夸奖，或者一做错了事情，就被父母斥责。这样一来，孩子就对自己的行为产生了怀疑，思想也开始动摇，并逐渐变得缺乏自信心。

慧宝良方

自信将在人生的成功和失败中继续建立和经受考验。尽管一切才刚刚开始，但自信是在人的孩提时期就开始奠基的。

多一些承认

孩子还小的时候往往要通过家长来认识自己。给予自信是每个家长

都能做到的。若家长经常说孩子长得漂亮，孩子就会认为自己很漂亮；经常以信任的口气说孩子"行"，孩子就会认为自己"行"，就能树立起信心。作为父母或许没有意识到，这可以对孩子产生和建立自爱、自信起着巨大的作用。

多一些鼓励

所有的教育都处在微妙的平衡中：对孩子的要求不能太严厉，也不能太不严厉。但是可以肯定的是，父母鼓励和强调孩子的成功会使他每次都多做一点。那么要如何表扬他们，又不会使他们感到自高自大？当然不能滥用表扬。对他取得的成绩恰如其分地夸奖，同时也要指出其可以改进的地方，这样孩子肯定不会成为狂妄自大的人，相反，他会懂得在自己身上有值得肯定的一面，失败了一次，并不意味着将来就会永远地失败。

少一点责备

孩子的能力毕竟有限，家长的指责不能起到激励他的作用，反而会使他在下次再做某事时怀疑自己的能力，从而做得更加糟糕，并从此循环下去。

不否定

也许你的孩子学习并不用心，但是他唱歌很好听。那么不要老对他唠叨，说他一生都不会成功；而是要对他说，他将来会成为音乐家。

"不否定"真的有如此威力吗？美国一位著名的外科专家，自幼就患了一种学习障碍症，一看到作业本上满本的错号，他的头就会胀得很大，无论怎样努力，还是做不对。四年级时换了一位数学老师，新老师拿起他的作业本，亲切地对他说："你太大意了，咱们再写一遍。"第二遍还是没对，可老师却在本子上打了几个对号。他激动得几个晚上都睡不着觉，这对他来说太重要了。后来在老师的帮助下，他竟迷上了数学。

成功是属于那些有成功意识的人的。不妨用这"两多、一少、一不"的方式对待你的孩子，相信不久的将来，迎接你的将会是他充满自信的笑容。

拉兹·卡布尔

从小培养独立意识，长大拥有自主人生

中国有句老话叫做"背靠大树好乘凉"，意思就是说一个人依仗另一个人的保护，就可以生活得很好。但是生活终究要由自己来创造，父母不可能充当孩子一辈子的保护伞。培养孩子的独立意识，才能让孩子在以后的拼搏中坚毅而顽强。

智趣故事

印度著名演员帕里维拉和卡布尔红极一时。在电影《流浪者》中，帕里维拉扮演的是充满偏见的法官，生活上却是卡布尔的好父亲。

在帕里维拉成为赫赫有名的明星之后，他的儿子卡布尔也神气起来，他总是对别人说："你们总该知道我父亲帕里维拉吧"，他还请求父亲送他一部小汽车，但都被帕里维拉拒绝了。

一次，帕里维拉不在片场，卡布尔

名家简介：

拉兹·卡布尔（1924年一），印度电影演员。是一位蜚声世界影坛的明星，他曾在《流浪者》中担任主演。

就摆出一副很权威的样子，开始对演员指手画脚起来："这句台词不该是这样念的，你们应该说……"帕里维拉知道后，非常生气，他不愿看到自己的儿子仰仗父亲而骄傲，于是严肃地对卡布尔说："在我的房间你是我的儿子，可以同我一起吃饭一起聊天，但一出房间，你就是一个普通的人，和许多普通的演员一样，生活之路，要靠你自己去走。你要是真有本事的话，就靠自己的能力出人头地。"

为了激励儿子独立生活，他还给卡布尔讲述了自己开拓事业的经历，并与儿子约法三章：第一，不许儿子到处宣扬自己是帕里维拉的儿子；第二，不许放纵无度，不准私自驾驶父亲的小汽车外出游荡；第三，不许一登台就演主角。

渐渐地，卡布尔在学习的过程中，明白了父亲严格要求的用意。他开始在任何场合都不披露自己的身份，刻苦读书，勤学苦练表演基本功，从三等角色开始演。有人曾经劝帕里维拉，凭借你已有的地位名声，只要对儿子稍加提携，他就可以成名了。对于这样的劝说，帕里维拉严肃地回答：他应该自己去寻求发展，否则即使卡布尔天赋再高，也会被慢慢毁灭的，那不是爱护他，而是毁了他。

在父亲的不断激励和严格要求下，卡布尔一步步登上了艺术表演高峰，他在《流浪者》中扮演的拉兹轰动了整个世界。

历史评说

帕里维拉"冷酷"得近乎不近人情，他不许儿子用自己的汽车，不许儿子宣扬父亲的名字，不许他当主角，不提携他。这么多"不许"其实就是不让儿子沾自己的"光"，培养他的独立意识和能力，使得卡布尔学会了用自己的实力在社会上生存。可以想象，卡布尔如果继续仰仗父亲的余荫生活，可能早就被现实生活的残酷击垮了。

外国的习惯和教育与中国明显不同。国外的小孩七八岁就开始刷盘子洗碗，18岁就要离开家出去自己挣钱养活自己，即便是不搬出去，也要付房租给家里。因此，可以毫不隐讳地说，他们在长大成人后看起来比我们的孩子更有主见，适应能力也更强一些。

相对于国外，中国的家庭可能更显得有人情味一些。从小学到大学，只要是家长能做的就都做了，就连毕业后找工作，父母也都尽量安排得妥妥当当。孩子就像藏在育儿袋里的小袋鼠，来到什么地方，那是家长的事。家长是无私的，但他们却

> 孩子一旦拥有独立的性格与品质，对他人生的发展将有着不可估量的作用。
> ——彼尼德罗

忽略了孩子独立的人格和其本身成长发展的需要。在这种环境下成长大的孩子，即便是人高体大，仪表堂堂，在行动上却可能难以摆脱软弱、缺乏勇气和能力、没有主见、任人摆布的命运。

如果我们深入探索，到底在家长们的动机中，有没有期望孩子将来能"投桃报李"的想法呢？即便是有这种想法，孩子将来又是否有能力做到呢？倘若把忽略独立意识的培养上升到一个民族，其危害则更是不堪设想。

1993年孙云晓的一篇《夏令营中的较量》震动了国人。"我们的孩子是日本孩子的对手吗？"一时成了众说纷纭的话题。日本孩子和中国孩子一起去野营，人家孩子一到营地就忙着拾柴、引火，我们的孩子却从没用过火柴；人家孩子自己洗袜子，我们的孩子却把脏袜子背回家去。于是面对日本人热衷于把孩子"流放"到荒原里、孤岛上的良苦用心，面对两国孩子在生存能力上的差距，不能不令人担心，这样的孩子如何能传承老祖先的铮铮傲骨？

慧宝良方

独立是成长的标志，从"独生"到"独立"，是一个走向社会的过程。家长如果真的爱自己的孩子，就应该及早地让孩子学会独立生活。

培养孩子的独立意识，首先是心理上的独立

教育专家认为：要使孩子形成自立、自强、独立的品格，需要爱护孩子的独立意识。孩子是一个独立的个体，不论他们的年龄多小，他们也都会有其独立的意愿和思维。因此要尊重孩子的独立意识，为他提供一个良好的、宽松的生长环境，让孩子在自己的选择、自己独立的计划中长大。

戒掉"溺爱"这味甜蜜的毒药

教育家木村久一提到："有一种母亲，把孩子视为宝贝，怕跌倒摔伤不让孩子滑冰；怕溺水不让划船和游泳。这种教育方法只能使孩子成为废人。"倘若不愿孩子将来一无是处，家长就要少溺爱孩子，这样他才会更健康。

积极地反馈，让孩子意识到自己的力量

父母对孩子的独立业绩应作出及时的反馈，这样会使他们的信心倍增。在必要的时候，尽可能地为孩子的独立活动创造一个安全的环境，内紧外松，不要让孩子感到一切都在父母的监控之下，这样很容易把他的主动性磨蚀掉。

不传财富传能力

参天大树总有一天会从枝繁叶茂变成枯枝残根，到了那一天，孩子要去哪里"乘凉"？宋朝时期的清官寇准只是传家传业，却不重视传能力，从而导致其子孙后代没有谋生能力，挥霍无度，而家道败落。民国时期的冯玉祥将军对此便很有见解，他主张让儿女自立，他常教育子女说："作为你们，最要紧的是学本事，学能耐，要先自己能站得定，然后才能尽力去帮助别人。"

明智的家长，要想让子女有理想的生活和事业，帮助他们"善其事"、"利其器"才是英明之举。

比尔·盖茨

从不同兴趣开始，激发孩子的潜质

孩子都有不可估量的智慧，这种潜能一旦被激发出来，便可能会造就出一代天才。一个书写了人类创业史上的神话，一个当之无愧的电脑英雄，一个 20 世纪家喻户晓的奇才比尔·盖茨，他的成功便得益于幼儿时期他的家长对其智力的开发。

智趣故事

比尔·盖茨从小就精力过人，极爱思考，一旦他迷上某件事情便能全身心地投入。在他的成长过程中，他的外祖母对他产生过重要的影响。外祖母很喜欢和小盖茨玩智力游戏，在她眼里，玩游戏不是无意义的消遣而是技能和智力的锻炼。

他们玩跳棋、玩筹码、打桥牌等。玩游戏的时候，外祖母总爱对比尔·盖茨说："使劲想！使劲想！"她也常常为盖

名家简介：

比尔·盖茨（1955 年—），美国软件工程师、微软公司的董事长。曾任微软 CEO 和首席软件设计师。2009 年《福布斯》全球富豪排名中比尔·盖茨位列榜首。

茨下了一步好棋、打了一张好牌而拍手叫好。这些游戏大大激发了盖茨思考的潜能。

外祖母还常常给盖茨读书、讲故事，盖茨从中受益匪浅。在外祖母的帮助和指导下，小盖茨的阅读兴趣日益浓厚和广泛。而当祖孙俩一起在公园散步时，外祖母便会与外孙交流棋艺或是阅读某篇佳作后的体会，培养他的思考能力和表达能力。正是在这种磨练下，盖茨一天天成长起来。

比尔·盖茨的父母也十分关注儿子的成长，他们支持儿子参加各种有益的活动。他的父亲是律师，母亲是教师，他们在工作之余总是尽可能地与孩子呆在一起，一家人不断做各种游戏，从棋类到拼图比赛，几乎所有的益智游戏都玩遍了。随着年龄的增长，家庭环境已经越来越无法满足盖茨的发展了。于是，父母便开始把目光投向社会，从中寻找更能激活儿子潜能的广阔舞台。他们鼓励盖茨参加一家图书馆举行的夏季阅读比赛，而盖茨总能赢得男孩中的第一名，偶尔还会得总冠军。读小学六年级时，在父母的帮助下，小盖茨又参加了西雅图的当代俱乐部。在这个俱乐部里，他和同龄的孩子们一起讨论时事、书籍和其他问题。盖茨常以其独到而深刻的见解博得大家的喝彩。

盖茨在一所私立中学毕业后，很想到哈佛大学去读书，这也正是他父母的最大心愿。但在专业选择上，父子俩却发生了分歧。最后，父母还是对儿子学习计算机的选择做出了让步。连他的父母也没有料到，比尔·盖茨的这次选择，竟改变了他的一生，奠定了他成为IT巨人的基础。

历史评说

比尔·盖茨是20世纪的风云人物，他头脑聪明，思维敏锐，做事果断而坚决，可以说，比尔·盖茨的成功，是其个人天赋与家庭教育的共同成果。

盖茨小时候就表现出过人的天资，外祖母意识到他在思维与记忆方面超乎常人，就利用各种机会去进一步激活

> 人的智慧潜能是无法测量的。
> ——贝格尔

他在这方面的潜能，比如棋类等益智游戏、阅读文学书籍等，他的父母也不辞辛苦地为开发他的潜质而做着各种工作，鼓励他参加阅读比赛，寻找适合他天赋发展的社团和学校，为他的发展注入了源源不断的活力。

从某种意义上讲，每个孩子都是天才，他们就像一座座储量丰富但有待开发的宝矿，蕴藏着无尽的智慧。但是这种智慧潜能同矿藏一样，需要开采、需要激发。从当今成名于世的诺贝尔奖得主、科学家、艺术家的成长历程来看，绝大多数人的能力都是由于其后天得到了很好的启发。

家长们都对自己的孩子充满期盼，但是开发智力不是意味着单纯地传授知识，更不是让孩子除了上课、作业、分数外什么都不去想。人的聪明才智是要通过后天教育才能获得，并由浅入深，一点一滴地积累起来的。对孩子的智力开发得晚，自然就会使他原有的天资"睡着了"！

慧宝良方

要想让你的孩子出类拔萃，必须重视开发孩子的智慧潜能，这是每一位家长都应当努力去做的。

发现是激发孩子智慧潜能的重要一步

父母要在日常生活中，注意观察孩子的行为举止和其喜好。在他玩耍、阅读、游戏时，可以察觉出他虽不爱绘画却喜欢弹琴，虽没有耐心却有创意，虽不善逻辑思维却爱好写作。然后再根据这些蛛丝马迹归纳

出孩子的性格取向，从而进行积极的引导，并鼓励孩子提问，这对激发孩子的智力兴趣非常有好处。

重视阅读对开发智能的作用

美国一位研究人员花了 20 多年时间，对 205 名公认为聪明的孩子进行针对性研究，结果发现这些孩子有一个共同特点：他们的父母很早就开始给他们读书，并使他们养成了热爱阅读的良好习惯。

所以我们的家长应该注意，尽早帮助孩子养成读书的好习惯，使孩子养成勤于思考、善于想象的习惯，从而增强孩子的记忆力、注意力以及语言等方面的能力。

用游戏和玩具开启智力的大门

对于孩子来说，游戏不仅是玩，更是"学习"和"工作"。有些家长只顾给孩子不停地买玩具却很少陪孩子玩，这种做法是错误的，因为只玩玩具却得不到知识，会让孩子感到无聊、厌烦，当然就会出现"玩具买了一大堆，就是不玩"的状况。

家长和孩子共同玩一些有益的游戏和玩具，不但会使气氛其乐融融，而且对刺激孩子的想象力和思考力有着重要的作用。家长要善于培养孩子的好奇心、动脑习惯，鼓励他对事物进行新的探索，而不是停留在已经明白的事物上。

综合开发孩子的多种智能

一些家长热衷于让孩子参加智商测验，并以此来判断孩子是否聪明，这样做是片面的。在一次心理学教授对赛马场上的赌徒进行的调查中发现，他们中很多人的智商在 80 以下，而他们的抽象推理能力却使智商高达 130 的人都自叹弗如。

这说明智商测试得分不高的人，也能发展成为具有特殊才能的人。每个人都具有语言智能、音乐智能、逻辑与数学智能、身体动觉智能、空间想象智能、人际智能、洞察自身的能力等多种智能，如果家长能够倾听孩子的话，琢磨他的内心世界，掌握积极向上的因素，给予孩子应有的鼓励与开发，那么绝大部分孩子都至少可能发展出其中的一种智能，从而为其将来的成功打下坚实的基础。

大江光

给特殊孩子特殊的关爱

谁都希望自己的孩子能够健康聪慧，能够成材。但是生活中许多事情却是不能选择的，当不希望的事情来到的时候，唯一的办法不是逃避，而是面对，为你的孩子撑起和其他孩子一样蓝的天空。一个名叫大江光的癫痫病人，就是在他的父亲的呵护和鼓励下，创造了奇迹。

智趣故事

大江光一出生，便被诊断为先天性癫痫病，智力低下，口不能语。他的父亲，是日本著名的作家大江健三郎。医生都认为这个孩子是无药可救的了，他发病的时候全身抽搐，口吐白沫，舌头常被自己咬出鲜血来。但是父亲丝毫没有放弃对儿子的治疗，他翻阅了大量有关癫痫病的书籍，走访了全国的知名医院，终于帮助大江光顽强地生存了下来。

大江健三郎还十分关注孩子的成长。他认为大江光也有自己的心声，有和其他孩子一样的权利。因为疾病的困扰和

名家简介：

大江光（1963年一），他虽为智障儿，但心灵澄明无染，对音乐有超凡的才华，被誉为"日本古典乐坛的奇葩"。

语言的障碍，大江光显得有点自卑和孤僻，父亲看到了便满怀深情地对他说"不要紧，和他们玩去吧，你和他们没什么差别。"

在大江光很小的时候，父亲便欣喜地发现，每次儿子在听见音乐的时候，都会特别陶醉沉静，有时，甚至会跟着乐曲发出一连串不清晰的声音来。他想，儿子虽然不能正常地表达自己的想法，但是他在不发病的情况下，其他方面都是正常的，何况他又那么喜欢音乐。

但是，没有人相信大江光也可以接受正常的教育，他们认为他连话都不能说，怎么能够学习？大江健三郎却不这么想，他找来了教师，辅导儿子使用乐器、谱曲。这期间，大江光的病曾多次复发，但面对他每一次的退缩，父亲都会严肃地对他说，"不要把自己当成病人，别人能够做到的，你也一样能够做到。"

在父亲呕心沥血的帮助和他自己的努力下，大江光在 28 岁那年的自己所创作的作曲集出版发行，并在当年的排行榜中名列前茅。1993 年，大江光的癫痫病严重发作，他的母亲缘子忧心忡忡地说："这是他有生以来发作最严重的一次，以后恐怕再难谱曲了。"然而一年以后，在父亲的激励下，大江光创作热情重振，第二张创作 C D 也成功地发行，轰动了日本。

> 希望是附丽于存在的，有存在，便有希望，有希望，便是光明的。
> ——鲁迅

历史评说

有人说：当上帝为你关上一扇门的时候，一定会为你打开另一扇窗。大江光的经历带给我们两个启示：一是孩子在这方面残缺，在另一方面，或许就会有不同凡响的理解力，这就需要父母去发现和引导；二是爱可以战胜一切。

大江光的出生是不幸的，但他又是幸运的。不幸是因为疾病缠身；

幸运的是，他的父亲并没有对他置之不理，而是在残疾儿子的身上倾注了那么多的深情。他爱儿子，鼓励他不要畏惧先天的疾病，并竭尽全力帮助儿子录制音乐，让他拥有一颗健康、充满活力的心灵和一份属于自己的事业。参加大江光ＣＤ录音制作的演奏家小泉浩深有感触地说："他的曲子热情、奔放，人们欣赏他的心曲，倍受感染。"这与其父的精心哺育是分不开的。

每一对父母在迎接孩子出生前，最关心的都是他是否健康，而不是他是否漂亮。我们经常为媒体报导的由于有缺陷而被抛弃或虐待的孩子感到痛心，同时也会被那些战胜身体条件而有超常表现的孩子所震惊。在这样鲜明的对比中，家长的态度，就成了最为关键的一点。好比把不会水的人扔在水中，前者又为他绑上了一块石头，使之沉入水底；后者则扔给他一个正好合适的救生圈，通过不懈的努力他就游上了岸。

当然，按人之常情，没有哪个家庭在承受这样压力的情况下，还能整日笑逐颜开，于是放弃与怜悯两种感情就会常常伴随着孩子的成长。家长往往忽视了一点，孩子小的时候，并不会有自己与其他孩子不同的概念，他们是通过察言观色，才知道自己的不一样有多么重要。大人随情绪而变化莫测的情感，让孩子摸不着头绪，使其总是处于提心吊胆的困境里；大人的爱一旦成了施舍，他们又会受宠若惊。也就是说，家长的情绪左右着孩子的成长。

慧宝良方

如何帮助特殊孩子在逆境中寻找快乐，是家长们最关注的问题。

父母的爱是最重要的

爱能够创造一切，父母之爱能够帮助孩子用毅力和勇气去争取自己的成功。即便是正常的孩子，也需要父母的爱心，更何况是特殊的孩子！家长不妨多给他们一些关爱和鼓励，多一些交流，讲道理，引导他们做自己喜欢的事情。培养孩子做事情的勇气、毅力、恒心，这样的将带给他们乐观生活的精神。

家长的精神和情绪不要有"病"

能成材固然使人开心，过普通的生活也不必懊丧，只要他的个性能充分发展，身心快乐就值得欣慰。但是也有许多父母想不开，别人家的孩子聪慧可人、活蹦乱跳成了他们的痛阈，再看看自己的孩子，一种不平衡的感觉顿时涌上心头。

曾经有这样一个家庭，夫妇老来得子，高兴得不得了。不料几个月后却发现孩子天生耳聋。从此夫妻俩总是相互指责和埋怨，甚至称孩子为"哑巴物"。10岁那年，他们把孩子送去了聋哑学校，想眼不见心不烦。结果一个暑假的一天，孩子再也没有回家。这时他们才发现失去儿子远比他不会说话要伤心得多。

不要给孩子过多的爱与怜悯

大人们对孩子表现出过多的怜悯，对培养孩子的意志和自信心是有害的。孩子为自己难过才是最可怕的，在这种心理下，他们在面对困境时，不是想办法站起来，而是等着别人来安慰。

在一所盲人学校中，有一对家长对孩子的关心却阻碍了老师的教育。他们每次去孩子的学校，都带着大包小包好吃的，来了就给孩子洗衣服，走的时候也总是依依不舍，生怕孩子在学校受气似的。过分的爱使得这个孩子不会洗衣服，平时吃东西也总是挑食偏食，只吃家里带的东西，性格也变得更腼腆，学习也比正常的进程慢了许多。

家长的爱是好意，是对孩子的支撑，但请不要在给他们想拐的时候，绑住了他们想要迈出的脚。